★ 介護現場の思

福祉用具
ヒヤリ・ハット あるある

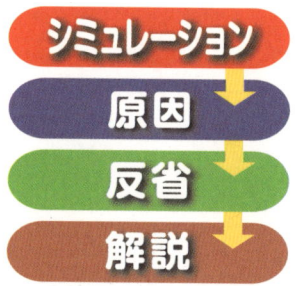

- シミュレーション
- 原因
- 反省
- 解説

監修：**前橋　明**
（早稲田大学教授・医学博士）

編著：**平井佑典**
（ケアマネジャー・福祉用具アドバイザー）

協力：公益財団法人テクノエイド協会

ひかりのくに

プロローグ ヒヤリ・ハット事例から、知っていそうで知らない福祉用具の特徴を知り、トラブル・事故を回避しよう!!

I.ヒヤリ・ハットあるある自問自答31

　公益財団法人テクノエイド協会が現場からの報告を元にまとめたヒヤリ・ハット事例から、厳選した31例を示しました。左ページのイラストを見て、自分なりに原因を考えてみましょう。

　右ページの原因・反省を読み、「あるある」をそのままにしないための教訓を得ましょう。そして、何度も見直してください。

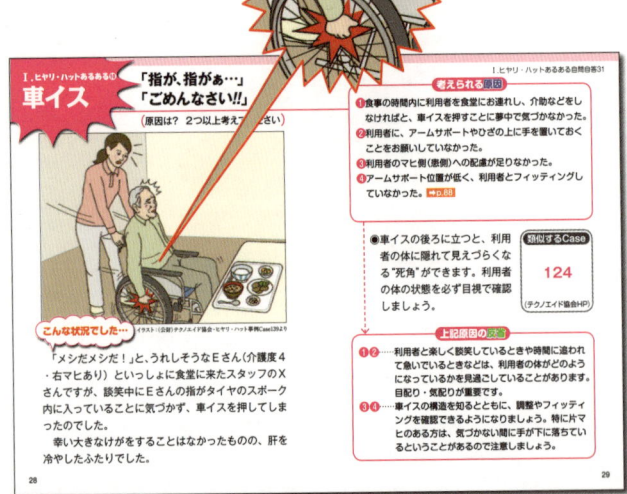

Ⅰのヒヤリ・ハット事例は、公益財団法人テクノエイド協会のホームページで、どなたでも見ることができる293の事例からピックアップしたものです。本書の各ヒヤリ・ハットあるあるのページに類似するケースのナンバーをあげています。

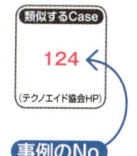
類似するCase
124
(テクノエイド協会HP)
事例のNo.

Ⅱ.トラブル・事故回避のための福祉用具解説

例えば、左下の車イスに関するヒヤリ・ハットについての解説を読みたいときは、**考えられる原因**の欄の ➡ p.88 を見ていただくと、そこに関連する事柄が書いてあります。ヒヤリ・ハットの原因・反省をⅠで確かめつつ、後半の該当するページを見ておきましょう。

次ページに続く→

トラブルや事故は、身近なところに…

解説ページ p.78 の例

絶対にしてはいけないこと

× **利用者やベッドの周囲に目配りをせずに動かす。**
　介護用ベッドの電動モーターは、人を簡単に持ち上げる程の動力があり、重大事故につながるおそれがあります。

× **ベッド本体にほかのメーカー品を組み合わせて使用する。**
　現在は、同一メーカーでも適合性が細かく設定されていますので確認が必要です。例外として、床ずれ予防用マットレスやエアマットレスなどは、他メーカー品を組み合わせても対応可能なことが多いです。

「してはいけないこと」「注意点」の欄は、熟読してください。

最後に、監修・編著者から、
最良のアドバイスをいただきました。

ヒヤリ・ハットからいろいろ学んで、利用者のためにがんばりましょう!!

監修者・編著者からのメッセージ

　　福祉用具は、利用者の方々の体の一部となり、生き生きと暮らすための環境そのものですので、その安全性への配慮は不可欠です。まずは、安全、かつ、スムーズに動けるように、正しい利用の方法を知っておくことが基本です。また、介助をする方にとっては、福祉用具を正しく使えなかったときや安全点検・修繕のできていないときのけがや事故事例にも目を向け、そこで得た教訓を、今後の安全な介護や用具利用へと結び付けるよう、役だてていただくことが必要です。

　用具の安全利用のためには、利用行動に必要とされる空間を確保すること（安全領域の確保）や空間にある物とのかかわり、接触から生じる諸問題を知っておくことも、極めて重要なことになります。

　予測できない危険は、なくすことが必要です。用具や用具間にできたすき間に、体の部位が挟まってしまうといった、用具の設計や配置に問題がある危険もあります。また、用具使用時に押しが強すぎたり、倒しすぎたりして発生する、用具の使用方法に問題がある場合に起こる危険も多く見られます。これらの危険は、予測しにくい危険であり、用具の設計者や介護者、保護者などの周りの人々が注意して未然に防ぐ必要があります。

　これら、福祉用具の利用にあたっての予測できる危険の対応や準備は、本書において、ケースごとに詳細に解説をしておりますので、ぜひとも参考にしていただき、利用者により優しく安全な介助や支援ができますよう、願っております。

監修者　前橋　明

　　体の一部といえる福祉用具は、それが体に合っているかいないかが、ＡＤＬ（日常生活動作）やＱＯＬ（生活の質）に大きくかかわっています。一方で、利用するときに事故にはいたらない、ヒヤリとする、ハッとすることが多くあります。そのときは冷汗をかいたものの、すぐ忘れ、見過ごされがちです。そこで、「ヒヤリ・ハット」事例と福祉用具を安心して利用できる知識、選定のヒント、そして注意点などを整理してみました。利用する方々やそれを支える皆さんと多くの悩みを共有し解決していける一助となることを願っています。

編著者　平井佑典

CONTENTS

プロローグ ヒヤリ・ハット事例から、知っていそうで知らない福祉用具の
特徴を知り、トラブル・事故を回避しよう!! ……………………… 2
監修者・編著者からのメッセージ …………………………………… 5

I.ヒヤリ・ハットあるある自問自答31 …… 9

ヒヤリ・ハットあるある①**介護用ベッド＋付属品**
ベッドの背上げのとき、利用者の手が…! …………………… 10
ヒヤリ・ハットあるある②**介護用ベッド＋付属品**
「あっ、落ちる!」ベッドが上がっていく…! ………………… 12
ヒヤリ・ハットあるある③**介護用ベッド＋付属品**
寝位置がずれて、「戻さなきゃ」と焦り ……………………… 14
ヒヤリ・ハットあるある④**介護用ベッド＋付属品**
ベッドのひざ上げのとき、ベッド用テーブルが…! …………… 16
ヒヤリ・ハットあるある⑤**床ずれ予防用エアマットレス(圧切替型)＋介護用ベッド**
「おしりが痛い」と訴えられて ………………………………… 18
ヒヤリ・ハットあるある⑥**車イス＋介護用ベッド**
「痛い!」車イスが足に当たって ……………………………… 20
ヒヤリ・ハットあるある⑦**車イス＋介護用ベッド**
移乗時、転倒しそうになった! ………………………………… 22
ヒヤリ・ハットあるある⑧**車イス**
足が落ちているのに…動かしたらダメ! ……………………… 24
ヒヤリ・ハットあるある⑨**車イス**
あれ? 車イスが曲がっていっちゃう! ……………………… 26
ヒヤリ・ハットあるある⑩**車イス**
「指が、指がぁ…」「ごめんなさい!!」 ………………………… 28
ヒヤリ・ハットあるある⑪**手すり(据え置き型)＋介護用ベッド**
「ギャー! ベッドから落ちる!」そのとき… ………………… 30
ヒヤリ・ハットあるある⑫**手すり(突っ張り棒型)**
「あっ、痛っ! どうなってるんだぁ…」 ……………………… 32

ヒヤリ・ハットあるある⑬ 歩行器(シルバーカー=手押し車)
　シルバーカーが！ 転びそうになって… ………………………… 34
ヒヤリ・ハットあるある⑭ 歩行器(中型)
　立ち上がろうと歩行器に手を掛けたときに… ………………… 36
ヒヤリ・ハットあるある⑮ 歩行器(歩行車・小型)
　座ったはずが… ……………………………………………………… 38
ヒヤリ・ハットあるある⑯ 歩行器(歩行車・馬蹄形の大型)＋介護用ベッド
　あっ！ 歩行器が前に… …………………………………………… 40
ヒヤリ・ハットあるある⑰ 杖(一本杖)
　「おーっと、杖があ…」 ……………………………………………… 42
ヒヤリ・ハットあるある⑱ 杖(多点杖)
　慣れない多点杖で「おっと危ない！」 …………………………… 44
ヒヤリ・ハットあるある⑲ スロープ(一枚板型)＋車イス
　ドンッ！ スロープに当たり、車イスから落ちそうに… ……… 46
ヒヤリ・ハットあるある⑳ スロープ(レール型)＋車イス
　「あーっ！」階段につまづいて… …………………………………… 48
ヒヤリ・ハットあるある㉑ リフト(床走行式でつり具付)＋介護用ベッド
　「痛いじゃないかぁ！」リフトの「ハンガー」が… ……………… 50
ヒヤリ・ハットあるある㉒ リフト(床走行式でつり具付)＋介護用ベッド
　「おいおい、落ちるよっ！」つり具の装着はしっかりと… …… 52
ヒヤリ・ハットあるある㉓ リフト（福祉車両の昇降リフト)
　車イスが動き出して…「落ちそうだよ」 ………………………… 54
ヒヤリ・ハットあるある㉔ ポータブルトイレ＋介護用ベッド
　ポータブルトイレで支えて「よっこいしょ、あっ！」 …………… 56
ヒヤリ・ハットあるある㉕ 紙オムツ(パッドタイプ)＋トイレ
　紙オムツのパッド交換で「あーっ！」 ……………………………… 58
ヒヤリ・ハットあるある㉖ 入浴補助用具(シャワーキャリー)
　「おっとっとっと、痛い！」シャワーキャリーが… ……………… 60
ヒヤリ・ハットあるある㉗ 入浴補助用具(浴槽用手すり)
　入浴時に浴槽用手すりがぐらついて… ………………………… 62

7

CONTENTS

ヒヤリ・ハットあるある㉘入浴補助用具(浴槽台)
「えーっ!」浴槽台が… ... 64
ヒヤリ・ハットあるある㉙入浴補助用具(シャワーチェア)
入浴中にのぼせてふらついた ... 66
ヒヤリ・ハットあるある㉚入浴補助用具(バスボード)
バスボードがずり落ちた ... 68
ヒヤリ・ハットあるある㉛認知症老人徘徊感知機器(徘徊感知マット)
Iさんがいない!! ... 70

🄒🄞🄛🄜福祉用具通信 ... 72

Ⅱ.トラブル・事故回避のための福祉用具解説 ... 73

- ❶介護用ベッド ... 74
- ❷床ずれ予防用具 ... 80
- ❸車イス ... 84
- ❹手すり ... 92
- ❺歩行器 ... 96
- ❻歩行補助杖 ... 102
- ❼スロープ ... 106
- ❽リフト ... 108
- ❾ポータブルトイレ ... 114
- ❿自動排せつ処理装置 ... 116
- ⓫オムツ ... 118
- ⓬入浴補助用具 ... 120
- ⓭認知症対応機器 ... 124
- ⓮自助具等生活支援用具 ... 126

※Ⅱ章のイラストは、福祉用具メーカー各社のカタログなどを参考にして作図しております。

I. ヒヤリ・ハットあるある
自問自答31

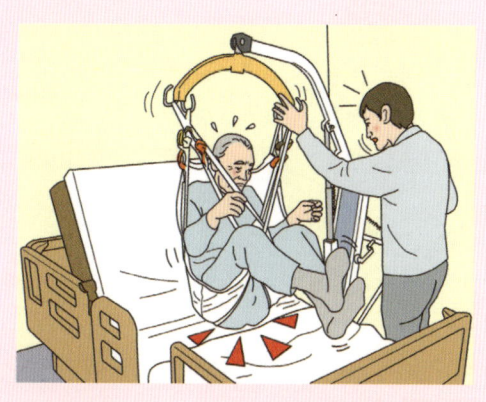

Ⅰ章の「ヒヤリ・ハット」を見て「あるある」で済ませるのではなく、 シミュレーション しながら、
↓
原因 を考え、
↓
自分に置き換えて 反省 し、
↓
Ⅱ章の 解説 にふれましょう。

Ⅰ. ヒヤリ・ハットあるある❶
介護用ベッド +付属品

ベッドの背上げのとき、利用者の手が…!

（原因は？ 2つ以上考えてください）

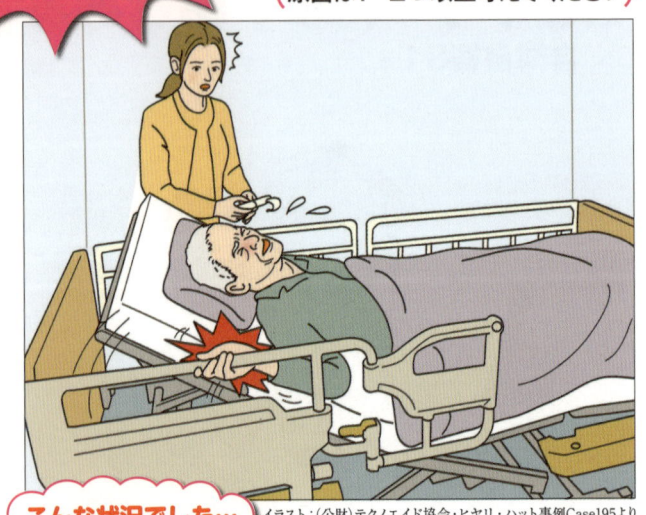

こんな状況でした…　イラスト：(公財)テクノエイド協会・ヒヤリ・ハット事例Case195より

　入所したばかりで、何かと不安なYさん（寝たきり）です。この日はご家族（孫のNさん）が来ていました。孫の顔をちゃんと見たいと思ったYさんは、介護スタッフに背上げを頼むのと同じようにNさんにその操作を頼みました。寝た状態で、しぜんに体を動かしたときに、手がベッド用グリップの中にずれ込んでいたことに気づかず、背上げ操作をしてしまいました。

10

I.ヒヤリ・ハットあるある自問自答31

考えられる原因

❶ ベッド用グリップやサイドレールを握ってしまう、しぜんに手がずれ込んでいるなどに気づかなかった。➡p.76
❷ 家族が知識や経験不足で、安全を確認せず動かした。
❸ 状況(手の位置)の確認をし、体がずれないようにひざ上げしてから背上げをするという、繰り返し動作をしなかった。➡p.75

●ベッド用グリップ、ベッド本体やサイドレールに体の一部を挟み込むヒヤリ・ハットが多発しています。重大事故にもつながるので、注意が必要です。

類似するCase

25・194

(テクノエイド協会HP)

上記原因の反省

❶……… ベッド用グリップ、ベッド本体やサイドレールのすき間に、不意に手や腕が挟まっていることがあるので注意しましょう。
❶❷……介護用ベッドに慣れていない方は、動かすことに夢中になってしまいます。必ず利用者に気配りや目配りをしましょう。
❸……… 在宅の場合も考えられることです。介護職でも家族でも、操作する方は必ず、介護用ベットの操作方法と利用者の体の位置や状態を確認してから行なうようにしましょう。

Ⅰ. ヒヤリ・ハットあるある❷
介護用ベッド＋付属品

「あっ、落ちる!」ベッドが上がっていく…!

（原因は？ 2つ以上考えてください）

こんな状況でした…

イラスト：(公財)テクノエイド協会・ヒヤリ・ハット事例Case196より

　几帳面なCさん（介護度2）は、ベッドから降りるとき、背上げ状態を元に戻そうと思い、操作ボタンを押すと、ベッドが上がっていきました。思わぬ動きに転落しそうになったのでした。介護職からは説明を受けていたのですが、視力が弱いという事情もありました。「Cさん、何してるの！」と言ってしまっては、自立の意欲を削いでしまいますが…。

I. ヒヤリ・ハットあるある自問自答31

考えられる原因

❶ 使い方を習ったが、覚えていなかったり忘れていたりすることがある。➡p.75
❷ 視力が弱く、操作ボタンを正確に読み取れなかったため。
❸ ベッドを操作する担当介護スタッフが、手もとスイッチの操作は簡単だと決めつけて、ていねいに説明しなかったため。➡p.75
❹ 病院で使っていた物と操作ボタンの配置が違っていたため、利用者が思い込みでボタンを押した。➡p.75

● 思い込みやうろ覚えでのリモコンの誤操作はよくあります。注意しましょう。

類似するCase

**33・179
184・188**

(テクノエイド協会HP)

上記原因の反省

❶❷……本人が利用できるかどうか、何度もチェックします。利用者にリモコンを持ってもらい、いっしょに練習しましょう。
❸………介護スタッフも介護用ベッドの利用方法や注意点を学んで、利用者にていねいに説明できるようにしましょう。
❹………介護用ベッドにもいろいろなメーカーの物があり、病院と在宅の介護用ベッドが同じ操作ボタンとは限りません。

Ⅰ. ヒヤリ・ハットあるある❸ 介護用ベッド＋付属品

寝位置がずれて、「戻さなきゃ」と焦り…

(原因は？ 2つ以上考えてください)

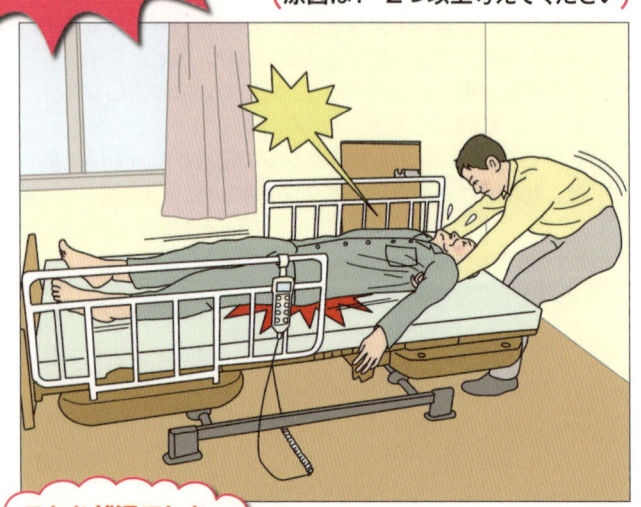

こんな状況でした…

イラスト：(公財)テクノエイド協会・ヒヤリ・ハット事例Case27より

　スタッフAさんは、利用者Bさん(寝たきり)のベッド背上げ動作時に寝位置をずらしてしまいました。慌てたAさんが介護用ベッドのヘッドボードを取り外し、Bさんを頭側から力ずくで手前に引き寄せようとしました。Bさんが痛みを訴えたため、Aさんはどうすればよいのかがわからずに、焦ってしまったのです。

I.ヒヤリ・ハットあるある自問自答31

考えられる原因

❶ 介護用ベッドの操作について、介助者が理解していなかった。背上げをしたときに、体がずれない操作方法や寝位置を知らなかった。 ➡p.75

❷ ずれが床ずれ(褥瘡)悪化の原因であるということを理解していなかった。 ➡p.80

❸ スライディングシートを使わなかった。 ➡p.77

❹ 体に合わせたベッドを選んでいなかった。 ➡p.78

- ずれは床ずれ(褥瘡)の悪化につながることを学びましょう。
- 楽な移乗介護とは、本人にとっても無理のない移乗です。

類似するCase

26

(テクノエイド協会HP)

上記原因の反省

❶……… 足側にずれないようにするには、まず、ひざ上げをしてから背上げを順に繰り返す動作がよく、寝たきりの方には、その動作を自動で行なうベッドを選択しましょう。背上げの回転軸と大転部が合っていると、ずれにくい寝位置です。

❷❸…… 褥瘡のない方は発生の原因に、ある方は悪化につながるので、介護者ふたりで行なうか、スライディングシートを利用しましょう。体がずれない寝位置を確認しましょう。

❹……… 本人の体に合わせたベッドのサイズを選ぶことが重要です。

Ⅰ. ヒヤリ・ハットあるある❹
介護用ベッド＋付属品

ベッドのひざ上げのとき、ベッド用テーブルが…！

（原因は？ 2つ以上考えてください）

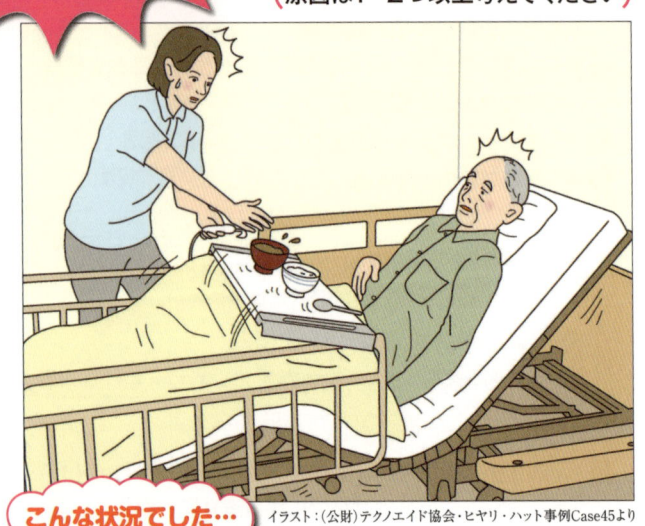

こんな状況でした…

イラスト：(公財)テクノエイド協会・ヒヤリ・ハット事例Case45より

　新人スタッフのMさんが、担当しているKさん（入所・全介助を要す・介護度4）の食事の準備を整えていました。サイドレールにベッド用テーブルを先に置き、配置する…そのことがイメージとしてありました。「そうだ、起こしてあげないと」と、ギャッジアップのボタンを押すとベッドテーブルが外れ、上の物がずれ落ち、やけどを負いそうになってしまいました。

I. ヒヤリ・ハットあるある自問自答31

考えられる原因

❶ サイドレールの上に載せるテーブルは簡単に外れるものとの認識不足。サイドレールの高さ、マットレスの厚さ、テーブルの設置位置なども考慮しなかった。 ➡p.77
❷ 目的に合った姿勢に整えてからベッド用テーブルを取り付ける手順を守らなかった。 ➡p.77
❸ 利用するテーブルの種類が合っていなかった。 ➡p.77

●介護用テーブルは4種類程度あります。種類によっては「テーブルは簡単に外れる」ことを認識して、利用用途に合った正しい選択をしましょう。

類似するCase

49

(テクノエイド協会HP)

上記原因の反省

❶❷❸…サイドレールの上に載せるテーブルは、通常は本を読んだり筆記したりする程度の物です。ただ、食事用テーブルとして利用することが多いので、その場合は、ひざ上げ→背上げ→テーブル設置・配膳の手順で行なうことを勧めます。なぜなら、利用者が不意にひざを上げたときに動いてしまうからです。常に利用者に確認し、姿勢を整えてから利用してください。

Ⅰ. ヒヤリ・ハットあるある⑤
床ずれ予防用エアマットレス(圧切替型)＋介護用ベッド

「おしりが痛い」と訴えられて…

(原因は？ 2つ以上考えてください)

こんな状況でした…

イラスト：(公財)テクノエイド協会・ヒヤリ・ハット事例Case214より

　スタッフGさんは、食事後1時間経過した利用者Tさん(寝たきり)から、おしりの痛みを訴えられました。
　ふたりとも不慣れな環境の中で、介護用ベッドや床ずれ予防用エアマットレスのことについても、あまりよくわかっていませんでした。

Ⅰ.ヒヤリ・ハットあるある自問自答31

考えられる原因

❶ 食事後も介護用ベッドを背上げ姿勢にしたまま放置していた。または、エアマットレスの背上げモードを利用していなかった。➡p.82
❷ 床ずれ予防用エアマットレスが底付きの状況だった。➡p.82
❸ 痛みや不調をすぐに知らせるための呼び出しブザーなどがなかった。➡p.83

● エアマットレスを使ってさえいれば床ずれの危険はないと安易に考えていませんか。

類似するCase

212・213
215・216

(テクノエイド協会HP)

上記原因の反省

❶ ……… 床ずれ予防用エアマットレスを使っていても、背上げ姿勢が続くと臀部に体重が集中し、圧が大きくなってしまう。30度以上の背上げにはリスクが伴うことを理解しましょう。
❷ ……… エアマットレスの下から手を入れて、体とマットレスの間にエアが入っているかを確認しましょう。また、内圧が適正でない場合はランプや音で知らせてくれるので注意します。
❸ ……… 呼び出しブザーの使い方をきちんと伝えておくとともに、いつも誠意ある対応を心がけましょう。

Ⅰ. ヒヤリ・ハットあるある❻
車イス＋介護用ベッド

「痛い！」車イスが足に当たって…

(原因は？ 2つ以上考えてください)

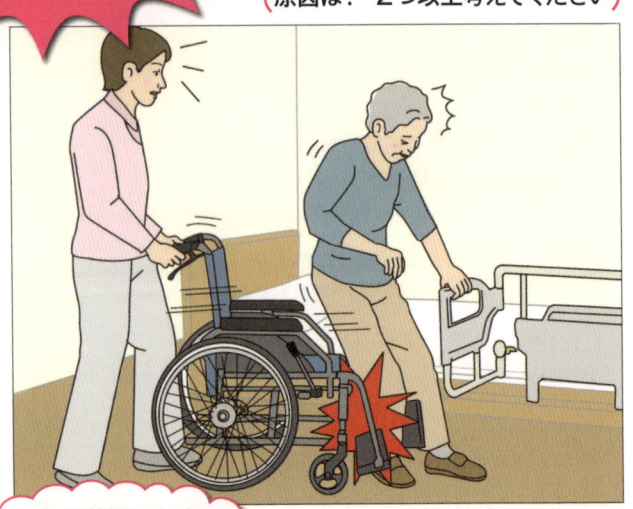

こんな状況でした…

イラスト：(公財)テクノエイド協会・ヒヤリ・ハット事例Case7より

　Uさん(介護度2・片マヒあり)が車イスからベッドに移乗しているとき、スタッフのFさんは、移りやすくしてあげようとして車イスを引いたところ、Uさんの足に車イスのフットサポートが当たり、Uさんは転びそうになり、痛みを訴えられました。

I.ヒヤリ・ハットあるある自問自答31

考えられる原因

❶ 車イスを動かすとき、利用者の足の位置とフットサポートがどうなっているかを確認していなかった。
❷ 利用者にとって移乗しやすい位置に車イスがなかった。また、慌てて車イスを引き抜こうとした。
❸ 利用者がいつもどのように移乗しているか、理解不足だった。
❹ 車イスの構造について認識不足だった。 →p.84

●車イスのフットサポートは、乗車しているときに足を載せているか、降りるときは足に当たらないよう閉じているか、落ち着いて確認する習慣をつけておきましょう。

類似するCase

5・127

(テクノエイド協会HP)

上記原因の反省

❶……フットサポートが足に引っ掛かり、転倒しそうになることがあるので、注意しましょう。
❷……利用者の移乗方法を把握するとともに、その方法がベストなのかを常に考えましょう。
❸……利用者の性格や身体の特徴を理解し、移乗のしかたなどを日ごろから観察しておきましょう。
❹……車イスにはいろいろな機能があるので、知識を持ちましょう。

Ⅰ. ヒヤリ・ハットあるある❼ 車イス＋介護用ベッド

移乗時、転倒しそうになった！

(原因は？ 2つ以上考えてください)

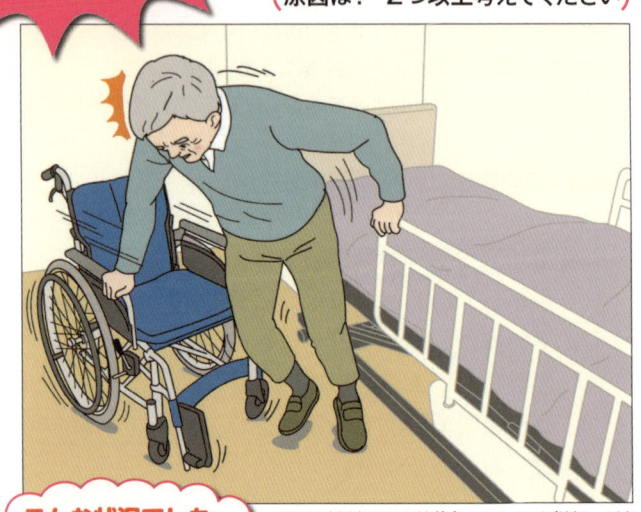

こんな状況でした…

イラスト：(公財)テクノエイド協会・ヒヤリ・ハット事例Case9より

　自立への意欲が高いHさん(特養入所・男性・80歳・介護度3・片マヒあり)は、なんでもひとりで行なおうとしがちです。

　この日も、担当スタッフが来る前に着替えて食堂へ一番乗りするために、ベッドから車イスに移乗しようとしましたが…。車イスが後方へずれて、危うく転倒しそうになりました。ああ、けがしなくてよかった！

Ⅰ.ヒヤリ・ハットあるある自問自答31

考えられる原因

❶ 介護用ベッドのサイドレールを手すり代わりにした。ベッド用グリップがない。➡p.76
❷ 移乗先の車イスの手もとブレーキが、固定されていないか、調整不良で動いてしまった。➡p.90
❸ 車イスが動いたのは、タイヤのすり減りや空気圧の低下に問題があった。➡p.90
❹ ひとりで移乗するのは、無理な利用者だった。

●車イスのタイヤのすり減りや空気が不足していて、ブレーキの効きが悪くなることがよくあります。こまめにメンテナンスしましょう。

類似するCase

114

(テクノエイド協会HP)

上記原因の反省

❶ ……… 介護用ベッドや付属品の種類と利用方法を学びましょう。
❷ ……… 車イスのブレーキが利くかどうか、ふだんから点検することを忘れないようにしましょう。また、ブレーキを掛け忘れないように注意します。
❸ ……… タイヤのすり減りや空気不足が、車イスを固定できなくなる要因になることを知っておきましょう。
❹ ……… 利用者の自立への意欲を削がないようにしつつ、安全を考えて、声をかけながら、笑顔で対応しましょう。

Ⅰ. ヒヤリ・ハットあるある❶
車イス

足が落ちているのに…動かしたらダメ!

(原因は? 2つ以上考えてください)

こんな状況でした…

イラスト：(公財)テクノエイド協会・ヒヤリ・ハット事例Case6より

　Dさん(介護度3・片マヒあり)に、「きょうは天気がよくて、気持ちいいですよ」と話しかけながら車イスを押しているスタッフのⅠさんですが、何かが引っ掛かっているのか、前に進まなくなり…。

　外出することに気持ちが傾きすぎていて、気づいたら、フットサポートからDさんの足がずり落ちていました。

考えられる原因

1. 利用者の足が車イスのフットサポートから落ちてしまっていたことに気づかず、死角でもあった。 ➡p.91
2. 足が落ちないようにするためのレッグサポートを使っていなかった。または知らなかった。 ➡p.90・91
3. 足が落ちていることに気づいていたが、短い距離だと思い、そのまま押してしまった。
4. 片マヒの方であることの認識不足。

- レッグサポートについて、実際に再確認しましょう。
- 車イスを押すときに、利用者の体で死角になるところにも注意しましょう。
- どんなに忙しい業務中でも、利用者の安全を最優先に。

類似するCase

113・123

(テクノエイド協会HP)

上記原因の反省

- ❶❹……車イスを押すときは体の一部を車イスに挟むこともあるので、目配りを怠らないようにします。また、利用者の体に隠れる死角にも注意しましょう。
- ❷❸……車イスには必ずレッグサポートを取り付けて、移乗時や移動中の確認も怠らないようにしましょう。
- ❸………慌ただしい業務でも、利用者の安全に気配りをしましょう。

Ⅰ.ヒヤリ・ハットあるある❾ 車イス

あれ？ 車イスが曲がっていっちゃう！

（原因は？ 2つ以上考えてください）

こんな状況でした…

イラスト：(公財)テクノエイド協会・ヒヤリ・ハット事例Case144より

　後輪の小さい介護用車イスで通院途中の利用者Ｓさん（介護度３）とスタッフのＬさんが歩道を進んでいると、傾斜に気づくのが遅れ、車道側へどんどん流れていきました。予定している診察時間に遅れないようにと、Ｌさんの気持ちが焦って速めに押していたこともあり、危うく車道に飛び出してしまいそうになったのでした。

I.ヒヤリ・ハットあるある自問自答31

考えられる原因

❶ 歩道の多くの部分で車道に向かって下りの勾配がついていることを頭に入れておかないと、車イスは簡単に車道に飛び出してしまう。見た目には緩やかで気づかないほどの傾斜が多くあり、気配りが必要だった。また、車イスの操作に慣れていなかった。➡p.91

❷ 車イス駆動輪が小さい介護用を利用していたが、タイヤが小さいと傾斜などの影響を受けやすくなる。

●スタッフ同士で車イスを押す側・乗る側それぞれの体験を、屋内・外のいろいろな場所で試してみてください。そこから新しい気づきが生まれます。

類似するCase

142

(テクノエイド協会HP)

上記原因の反省

❶ ……歩道にはわずかな傾斜がついているのに、平坦だと思い込んでいると起こり得ることです。車イスが曲がる側のグリップを少し強めに押す操作をしてください。無理矢理進路を変えようと強く押すと、かえって逆効果になることがあります。

❷ ……利用用途に応じた車イスを検討しましょう。坂・段差・悪い路面などのある屋外では、自走式の方がタイヤが大きく、対応しやすいことが多いです。

Ⅰ．ヒヤリ・ハットあるある⑩
車イス

「指が、指がぁ…」
「ごめんなさい!!」

（原因は？ 2つ以上考えてください）

こんな状況でした…

イラスト：(公財)テクノエイド協会・ヒヤリ・ハット事例Case139より

「メシだメシだ！」と、うれしそうなEさん（介護度4・右マヒあり）といっしょに食堂に来たスタッフのXさんですが、談笑中にEさんの指がタイヤのスポーク内に入っていることに気づかず、車イスを押してしまったのでした。

幸い大きなけがをすることはなかったものの、肝を冷やしたふたりでした。

考えられる原因

❶ 食事の時間内に利用者を食堂にお連れし、介助などをしなければと、車イスを押すことに夢中で気づかなかった。
❷ 利用者に、アームサポートやひざの上に手を置いておくことをお願いしていなかった。
❸ 利用者のマヒ側（患側）への配慮が足りなかった。
❹ アームサポート位置が低く、利用者とフィッティングしていなかった。 ➡p.88

● 車イスの後ろに立つと、利用者の体に隠れて見えづらくなる"死角"ができます。利用者の体の状態を必ず目視で確認しましょう。

類似するCase

124

（テクノエイド協会HP）

上記原因の反省

❶❷……利用者と楽しく談笑しているときや時間に追われて急いでいるときなどは、利用者の体がどのようになっているかを見過ごしていることがあります。目配り・気配りが重要です。
❸❹……車イスの構造を知るとともに、調整やフィッティングを確認できるようになりましょう。特に片マヒのある方は、気づかない間に手が下に落ちているということがあるので注意しましょう。

Ⅰ. ヒヤリ・ハットあるある⑪
手すり（据え置き型）＋介護用ベッド

「ギャー！ベッドから落ちる！」そのとき…

（原因は？ 2つ以上考えてください）

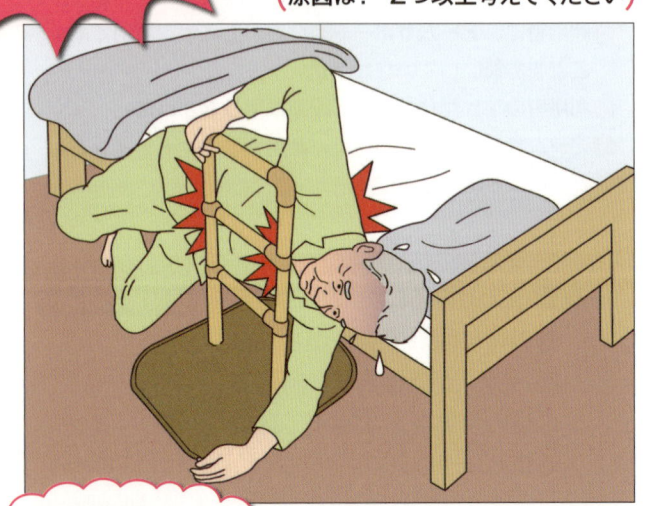

こんな状況でした…

イラスト：(公財)テクノエイド協会・ヒヤリ・ハット事例Case226より

　在宅のJさん（介護度1）は、寝起きの動作を行なうため、自宅のベッドサイドに据え置き型手すりを置いていました。しかし、起き上がろうとしたときに手すりが動いてしまい、手すりとベッドの間に挟まれてしまいました。

考えられる原因

❶ 据え置き型手すりは転落防止対策ではないという認識がなかった。 ➡p.92
❷ 手すりが簡易固定されていなかったために動いてしまった。 ➡p.95
❸ 簡易固定をしていたが、定期的にメンテナンスをしなければ、ずれることもあるということを知らなかった。

- 危険なすき間はいろいろなところにあります。手や足だけでなく、このような場合もあることを再認識しておきましょう。
- 自宅での自立を目ざすための知恵を出し合いましょう。

類似するCase

205・289

(テクノエイド協会HP)

上記原因の反省

❶ ……… 起居動作に補助が必要であれば、介護用ベッドも検討しましょう。
❷❸ …… 簡易固定のオプションを取り付け、ベッドに対して平行に、すき間ができないように置きます。また、キャスター付のベッドでは、しっかりロックをするか、利用しないようにしましょう。
❸ ……… 手すりが動かないか、いつも確認しましょう。

Ⅰ.ヒヤリ・ハットあるある⑫
手すり
（突っ張り棒型）

「あっ、痛っ！どうなってるんだぁ…」

（原因は？ 2つ以上考えてください）

こんな状況でした…

イラスト：（公財）テクノエイド協会・ヒヤリ・ハット事例Case229より

　Ｐさん（要支援２・在宅）がベッドから立ち上がろうとして、両手で手すりをつかんで力を入れたとたんに、固定されているはずの手すりが倒れて、バランスを崩してしまいました。

I. ヒヤリ・ハットあるある自問自答31

考えられる原因

❶ 設置方法に問題があった。または、設置に適さない天井の強度不足の場所に取り付けてしまっていた。→p.94
❷ 定期的な保全(メンテナンス)をしていなかった。→p.94
❸ 取り付けたときは問題がなくても、徐々に天井が浮き上がり、外れてしまうことがあるのを知らなかった。
→p.94

● 突っ張り棒型手すりは、斜めに傾いて設置されていることがあるので、注意が必要です。特に警告ラインのチェックを怠らないようにしましょう。

上記原因の反省

❶❸……設置に際して、建物の老朽化も含めて構造的な問題などがある場合は、使わないことも考えましょう。
❷❸……マニュアルどおりにきちんと設置していても、緩んでくることがあります。少しでもぐらついたり警告ラインが出ていたりした場合は、メンテナンスを依頼します。出入りするサービス事業者や家族とも協力して、チェックしましょう。

Ⅰ.ヒヤリ・ハットあるある⑬
歩行器
（シルバーカー＝手押し車）

シルバーカーが！転びそうになって…

（原因は？ 2つ以上考えてください）

こんな状況でした…

イラスト：(公財)テクノエイド協会・ヒヤリ・ハット事例Case73より

　Ａさん（要支援１・在宅）は、娘のＷさんとタクシーで通院しています。

　病院から帰宅して歩行器（シルバーカー＝手押し車）を降ろし、ＷさんがＡさんに「ちょっと待ってね」と言って料金を支払っていました。Ａさんが先に家に入ろうと、歩行器を押して歩き出したところ…。

考えられる原因

❶ 折り畳み式のシルバーカーが、開ききって固定された状態ではなかったことに気づかずに、利用者が体重を掛けた。➡p.99

❷ 介助者が注意して見ていなかった。

❸ シルバーカー自体に不具合（ロックが掛からない、掛かりづらいなど）があった。➡p.99

❹ ハンドルの高さ調整がされてなく、利用者とフィッティングしていなかった。➡p.98

●ちょっとしたすきに事故の可能性が潜んでいます。特に折り畳み機能が付いている福祉用具は、しっかり固定されているか、必ず注意しましょう。

類似するCase

74・76

(テクノエイド協会HP)

上記原因の反省

❶❷❸…歩行器の構造と使用上の注意について、在宅介護にかかわる方々が、家族や利用者に繰り返し説明することを心がけましょう。

❷………介助者が利用者とシルバーカーの状態を確認してから作業（代金を支払うなど）をしましょう。

❹………フィッティングが適切ではない場合、危険が伴うことがあります。

Ⅰ.ヒヤリ・ハットあるある⑭
歩行器(中型)

立ち上がろうと歩行器に手を掛けたときに…

(原因は? 2つ以上考えてください)

こんな状況でした…

イラスト:(公財)テクノエイド協会・ヒヤリ・ハット事例Case239より

　Oさん(介護度2・在宅)はベッドが嫌いで、部屋に布団を敷いて寝ています。

　ふだんから歩行器を枕もとに置いて、「自慢の愛機」と呼んでいるほどお気に入りです。いつもその歩行器を起き上がりや立ち上がりの補助具にしていたようですが、この日はそれがうまくいかずに…。

考えられる原因

❶ 利用者・介助者ともに、歩行器を立ち上がりに使うのは危険が伴うことを知らなかった。
❷ 据え置き型手すりなど、ほかの用具を準備していなかった。 ➡p.76・92
❸ 利用者の立ち上がり能力について、アセスメント不足だったうえに、本人や支援者で共有できていなかった。

●歩行器は歩行を補助するものです。起居動作には想定以上の加重が掛かるので、より安定的なほかの用具を用いることを検討しましょう。

類似するCase

60

(テクノエイド協会HP)

上記原因の反省

❶………使用している歩行器のことについて、利用者だけでなく家族も介助者も詳しく知っておきましょう。
❷❸……立ち上がりのための補助具として、ほかにもあるはず…といった気持ちを持ちましょう。利用者の起居動作の状態を考え、ベッド嫌いなどの意向を踏まえつつ、安心・安全な生活ができるよう、福祉用具を利用しましょう。
❶❷❸‥ピックアップウォーカーで床からの立ち上がりができる機種もありますが、基本的に起き上がる・立ち上がるときは、据え置き型手すりや介護用ベッドを利用するほうがよいでしょう。

Ⅰ.ヒヤリ・ハットあるある⑮
歩行器（歩行車・小型）

座ったはずが…

（原因は？ 2つ以上考えてください）

こんな状況でした…

イラスト：(公財)テクノエイド協会・ヒヤリ・ハット事例Case67より

　Qさん（要支援2・歩行困難あり）は久々の外出で、ウキウキしています。同行しているスタッフが少し目を離してしまい、まだ使い慣れていない歩行車にQさんがひとりで座ろうとして、イスに腰掛ける感覚でしゃがんだときでした。歩行車が動き、バランスを崩してヒヤリと…。

Ⅰ.ヒヤリ・ハットあるある自問自答31

考えられる原因

❶ 利用者が歩行車の使い方に慣れていなかった。
❷ 歩行車に座るときに車輪をロックしていなかった。ロックしていても動きやすいということを知らなかった。 ➡p.99
❸ 歩行器のメンテナンス不足で、ブレーキロックが緩くなっていた。 ➡p.99

● 歩行車は、ブレーキの掛け忘れだけでなく、使用していると左右のブレーキの効きやブレーキロックが緩くなることがあるので、注意しましょう。

類似するCase

241・247

(テクノエイド協会HP)

上記原因の反省

❶……歩行車の導入初期は家の周りで練習するなど、慣れが必要です。
❷……歩行車に座るときは、めんどうと思わずに必ずブレーキロックをしましょう。
❸……歩行車の構造上、ブレーキはワイヤーで引っ張って固定します。経年劣化するので、メンテナンスが必要です。

Ⅰ. ヒヤリ・ハットあるある⑯

歩行器(歩行車・馬蹄形の大型)
＋介護用ベッド

あっ! 歩行器が前に…

(原因は？ 2つ以上考えてください)

こんな状況でした…

イラスト：(公財)テクノエイド協会・ヒヤリ・ハット事例Case248より

　Ｒさん(介護度3・マヒ・歩行困難あり)がベッドから立ち上がったとき、前方へ転倒しそうになりました。
　つい近くにあった馬蹄形の歩行車につかまったのですが、そのまま先に進んだため、足がもつれて慌ててしまったのです。

考えられる原因

❶ 立ち上がりと歩行動作を、合わせて行なえる歩行器ではないことを知らなかった。 ➡p.99
❷ ベッドからの立ち上がり時に必要な、ベッドのベッド用グリップや据え置き型手すりなど、安定して支えになる用具がなかった。 ➡p.76・92
❸ 近くに介助者がいなかったため、立ち上がりや歩行動作を見守っていなかった。

●立ち上がり以外の動作でも、「勢いをつけて転倒」という例が目だっています。注意が必要です。

類似するCase

68

(テクノエイド協会HP)

上記原因の反省

❶ ……… キャスター付きの歩行器は動くので、立ち座りに利用しないように説明しておきましょう。
❷ ……… この機種を利用するような身体状態であれば、介護用ベッドや据え置き型手すりが必要でしょう。
❸ ……… 身体状態によっては、介助者の見守りが必要です。

Ⅰ. ヒヤリ・ハットあるある⑰
杖（一本杖）

「おーっと、杖があ…」

（原因は？ 2つ以上考えてください）

こんな状況でした…

イラスト：(公財)テクノエイド協会・ヒヤリ・ハット事例Case77より

　このところリハビリが順調で、スムーズに歩けるようになってきたFさん（要支援1・片マヒあり）ですが、雨でぬれた床で杖が滑り、転びそうになりました。

　自宅マンションの共有スペースという慣れた場所だったので、「たぶん、だいじょうぶだろう…」と、安心していたのかもしれませんが、ことわざに『転ばぬ先の杖』とあるように、念には念を入れるべきでした。

考えられる原因

❶ 杖があるからだいじょうぶと、油断していた。
❷ 杖の先ゴムの点検（すり減り・硬くなる）を怠っていた。
　➡p.104
❸ 杖の長さが利用者に合っていなかった。➡p.104
❹ ぬれた床面は滑りやすいことを意識していなかった。
❺ 杖の正しい握り方や歩行方法を実践していなかった。
　➡p.105

●一本杖は先ゴムのすり減り・劣化や高さ調整の固定リングが緩んでいることがよくあります。頻繁にチェックしてください。

類似するCase

78

（テクノエイド協会HP）

上記原因の反省

❶❹……「杖さえあれば…」といった油断をしないように、ふだんから注意を促す声かけをしておきましょう。特に雨などでぬれた路面・床面は滑りやすいので、慎重に歩くか外出を控えるようにしましょう。
❷………杖の先にはゴムが付いていて、路面・床面をグリップするようになっています。ゴムがすり減ったり硬くなったりしていたら、交換しましょう。
❸………利用者に合った杖の長さを知っておきましょう。
❺………杖の握り方や使い方をアドバイスしましょう。

Ⅰ.ヒヤリ・ハットあるある⑬
杖(多点杖)

慣れない多点杖で「おっと危ない!」

(原因は? 2つ以上考えてください)

こんな状況でした…

イラスト:(公財)テクノエイド協会・ヒヤリ・ハット事例Case250より

　一本杖では安定感が足りないということで、最近多点杖を使い始めたＬさん(介護度２・マヒあり)です。

　少し体調が優れなかったのですが、「天気がよいので外に出たい」と言って、スタッフのＪさんと散歩に出かけようとしました。廊下を歩いていたとき、「あいた！おっとっと…」と、転びそうになったのです。

I.ヒヤリ・ハットあるある自問自答31

考えられる原因

1. 利用者が多点杖に慣れていなかった。
2. 一本杖の感覚で使った。
3. 多点杖のベースの設定が誤っていた。 ➡p.102
4. 半身マヒやけがをしているときの歩行方法をしてなかったため、バランスを崩した。 ➡p.105
5. 多点杖を利用するにはスペースが狭すぎた。

- 多点杖は、階段や不整地での使用を控えましょう。
- 歩行は安定しますが、杖に足が絡む・ぶつけるなど、人や場所により注意が必要です。

類似するCase

251

(テクノエイド協会HP)

上記原因の反省

- ❶❷❹……一本杖と多点杖では、歩くときの感じが違ってきます。歩行方法も含めて医療関係者と相談したうえで練習し、慣れておくことが必要です。
- ❸………左右どちらの手で持つのかによって、ベースの設定(向き)が異なります。本人に合わせた高さや設定にしましょう。
- ❺………杖が利用しやすい広さの場所で使用しましょう。

Ⅰ. ヒヤリ・ハットあるある⑲
スロープ（一枚板型）＋車イス

ドンッ！ スロープに当たり、車イスから落ちそうに…

（原因は？ 2つ以上考えてください）

こんな状況でした…

イラスト：(公財)テクノエイド協会・ヒヤリ・ハット事例Case222より

　デイサービスからの帰宅時、息子さんが車イスを押して、スロープを勢いよく上がろうとしたところ、車イスのフットサポートがスロープに当たり、その弾みでＩさん（介護度３・歩行困難）は投げ出されそうになりました。後でわかったのですが、「どうも乗り心地が悪い」と言うので、フットサポートの調整をしてもらっていたとのことでした。

考えられる原因

❶ 車イスのフットサポートを下げすぎていた。 ➡p.89
❷ 介助者（家族）がスロープの適正な長さを知らなかった。
　➡p.107
❸ 介助者が、スロープの傾斜に対してフットサポートや転倒防止バーがぶつからないか、確認していなかった。
　➡p.107
❹ 車イスの押し方が強すぎた。

● 事前に、利用する階段に合った一枚板型とレール型のスロープで、利用者が乗っていない車イスを押して、試してみましょう。

類似するCase

117

(テクノエイド協会HP)

上記原因の反省

❶ ……… 車イスのフットサポートは、最低でも床から5㎝以上は空けましょう。
❷❸ …… 段差を合計した高さとスロープの長さを計算して、介助に無理がなく利用しやすい機種を使いましょう。
❹ ……… スロープの角度が急だと無理な操作になり、危険が伴います。余裕を持って操作しましょう。

Ⅰ. ヒヤリ・ハットあるある⑳
スロープ(レール型)＋車イス

「あーっ！」階段につまずいて…

(原因は？ 2つ以上考えてください)

こんな状況でした…

イラスト：(公財)テクノエイド協会・ヒヤリ・ハット事例Case149より

　この日は送迎係をしていたスタッフのYさんが、利用者宅の玄関前の階段にレール型スロープを渡して、後ろ向きで利用者の乗った車イスを降ろそうとしたところ、階段につまずいてヒヤリとしました。

　危うく、利用者・車イスもろとも転落してしまいそうになったのでした。

I. ヒヤリ・ハットあるある自問自答31

考えられる原因

❶ スロープの設置状態が悪かったため、歩くスペースが狭まった。➡p.107
❷ 左右のキャスターと後動輪の間が狭い車イスを利用していて、その間隔にスロープを合わせたために歩くスペースが狭くなった。
❸ 介助ブレーキを利用していなかった。➡p.107
❹ スロープの角度が急なため、車イスと利用者の自重に耐えられずに足がもつれた。➡p.107

● スロープを下りるときは、車イスの手押しハンドルのブレーキを利かせつつ、足もとの確認もしながら、余裕を持ってゆっくりと動かしましょう。

類似するCase

223

(テクノエイド協会HP)

上記原因の反省

❶……スロープを置く場所に目印などを付けておき、常に使いやすい位置に設置しましょう。
❷……車イスとスロープが合っているか再検討しましょう。
❸……スロープを降りるときは介助ブレーキを利用しましょう。
❹……介助力と段差の高さに合わせたスロープを選択しましょう。

Ⅰ. ヒヤリ・ハットあるある㉑
リフト（床走行式でつり具付）＋介護用ベッド

「痛いじゃないかぁ!」リフトの「ハンガー」が…

(原因は？ 2つ以上考えてください)

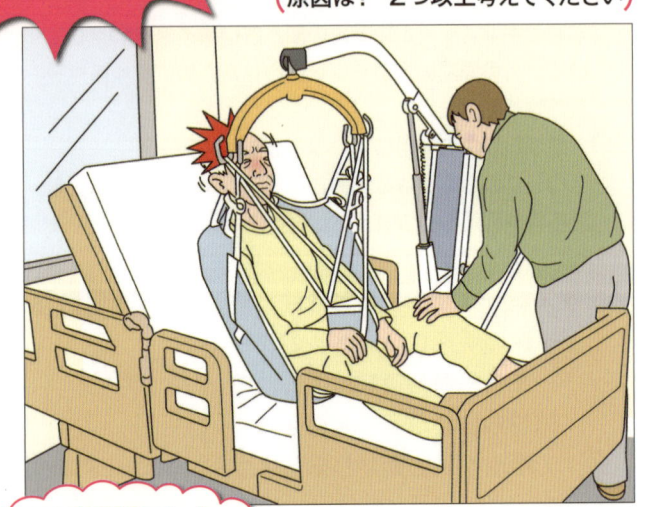

こんな状況でした…

イラスト：(公財)テクノエイド協会・ヒヤリ・ハット事例Case80より

　Zさん(寝たきり)の移乗のとき、リフトのハンガーが頭にぶつかってしまい、スタッフのBさんは怒鳴られてしまいました。
　幸い当たり方はひどくなく、即座に「すみません！」と謝ったのですが、信頼関係ができそうになっていたところだっただけに、Bさんは反省しきりです。ヒヤリ・ハット以上になってしまったのでした。

考えられる原因

❶ 移動用リフトを動かすのに夢中で、アームやハンガーが利用者にぶつかっていることに気づかなかった。
　→p.113

❷ リフトの操作に気を取られ、利用者を見ていなかった。
　→p.113

❸ ハンガーが顔の近くまで接近し、利用者にとっては不安になることを意識していなかった。→p.113

❹ 介助者がリフトの操作を習熟していなかった。→p.113

●慣れれば簡単ですが、最初は怖いと思います。まずは介助者同士で練習し、スリングシート(つり具)で持ち上げられる利用者の状態を体験してみましょう。

類似するCase

83

(テクノエイド協会HP)

上記原因の反省

❶❷……移動用リフトに慣れるまでは、動かすことに夢中になってしまいます。動かすときはハンガー部に手を当て、利用者の顔を見ながら声かけなどをして安心させてあげてください。

❸❹……利用者に対してリフトを使う前に、必ず介助者同士で練習して、注意点を確認しましょう。

Ⅰ. ヒヤリ・ハットあるある㉒
リフト（床走行式でつり具付）＋**介護用ベッド**

「おいおい、落ちるよっ！」つり具の装着はしっかりと…

(原因は？ 2つ以上考えてください)

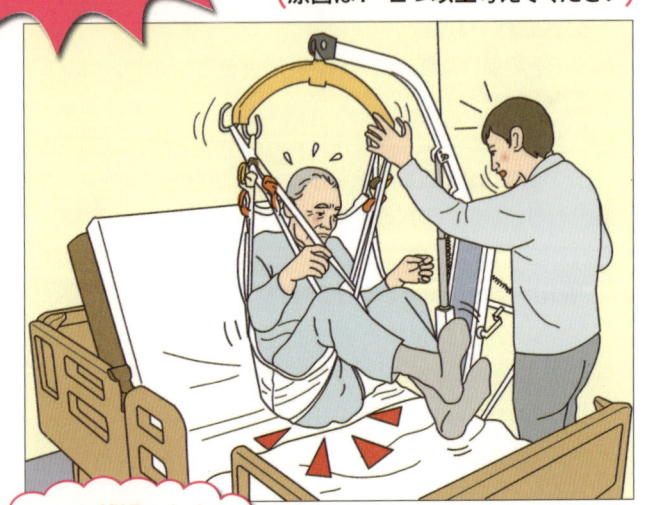

こんな状況でした…

イラスト：(公財)テクノエイド協会・ヒヤリ・ハット事例Case81より

　やせて体格も小さいVさん（寝たきり）の移乗介助を行なったスタッフのHさんですが、リフトでの作業に不慣れだったこともあり、つり上げてしばらくすると落ちそうになってしまい、慌ててストップしました。
　「すみません」と、一旦降ろして事なきを得たものの、Vさんに不安な思いをさせてしまいました。

Ⅰ.ヒヤリ・ハットあるある自問自答31

考えられる原因

❶つり具の取り付け位置や方法が誤っていたため、体がずれてしまった。➡p.113
❷つり具より体が小さかったなど、つり具のサイズが合っていなかった。
❸つり具から臀部(おしり)がずれかけていることに気づいていたものの、そのままアームを上げてしまい、ずれがより大きくなってしまった。

●つり具の取り付け方が重要です。
●リフトの上げ下ろしは、事業者からしっかりとトレーニングを受けてください。

類似するCase

84・105 262

(テクノエイド協会HP)

上記原因の反省

❶………つり具の取り付け方を学び、できるようになりましょう。
❷………利用者の体格や利用方法によって、つり具にも種類があります。事業者とよく相談して決めましょう。
❸………利用者がずれ落ちそうなどの異変を少しでも感じたら、すぐに下ろしましょう。

53

Ⅰ. ヒヤリ・ハットあるある㉔
リフト（福祉車両の昇降リフト）

車イスが動き出して…「落ちそうだよ」

（原因は？　2つ以上考えてください）

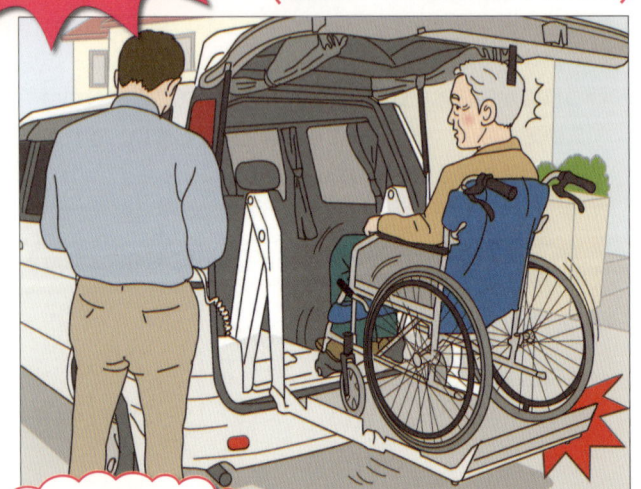

こんな状況でした…

イラスト：(公財)テクノエイド協会・ヒヤリ・ハット事例Case110より

　福祉車両のリフトに利用者Gさんの乗った車イスを載せて、操作機ばかりを見ていたスタッフのEさんでしたが、Gさんの声にハッと気づくと、車イスが後方に移動して転落しそうになっていました。

　利用者にたいへん怖い思いをさせてしまい、反省しています。

Ⅰ.ヒヤリ・ハットあるある自問自答31

考えられる原因

❶ 車イスのブレーキの掛け忘れや効きが悪かった。また、タイヤのすり減りや空気圧も確認しなかった。➡p.90
❷ 車イスをリフト専用フックで固定するのを忘れていた。➡p.110
❸ 介助者がリフトの操作に気を取られすぎて、利用者の位置やようすを確認していなかった。
❹ 車両が傾斜地に停車し、リフトのテーブル面が水平でなかった。

- リフトに固定する専用フックは、車イスの可動する部分に取り付けないようにします。
- 利用者の位置やようすを確認しながら操作しましょう。

類似するCase

284・293

(テクノエイド協会HP)

上記原因の反省

❶……車イスにブレーキが掛かっているのを確認することや、メンテナンスをしっかり行ないましょう。
❷……車イスを固定するフックを忘れずに取り付けましょう。
❸……リフトを動かすときは、必ず利用者の状態を見て確認しながら行ないましょう。
❹……事前に送迎時の駐車場所をチェックしておきましょう。

55

Ⅰ.ヒヤリ・ハットあるある㉔
ポータブルトイレ＋介護用ベッド

ポータブルトイレで支えて「よっこいしょ、あっ!」

(原因は？ 2つ以上考えてください)

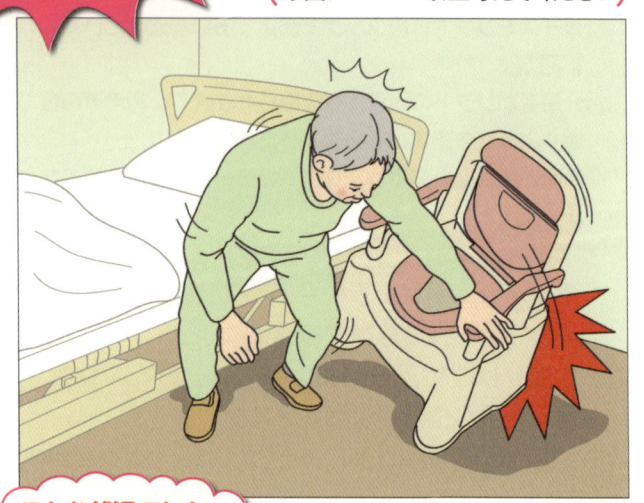

こんな状況でした…

イラスト：(公財)テクノエイド協会・ヒヤリ・ハット事例Case89より

　尿意を感じてベッドからそばにあったポータブルトイレに乗り移ろうとしたとき、グラッときてしまいました。実はこの方は先日まで、自宅で木製のどっしりとしたタイプのポータブルトイレを使っていたため、このようなことになったようです。

　「家で使っていたポータブルトイレと、ずいぶん違うなぁ…」

I.ヒヤリ・ハットあるある自問自答31

考えられる原因

❶ 介護用ベッドから移乗するときにベッド用グリップがなかったので、ポータブルトイレのアームレストだけに頼った。➡p.115
❷ 入所時に、利用者の移乗動作を確認していなかった。
❸ 樹脂製のポータブルトイレは木製の物よりも軽く、簡単に動いてしまうということを知らなかった。また、利用者に合う、機能性のある機種を使っていなかった。➡p.114

◉ 入所前に、利用者の今までの生活習慣や使い慣れた福祉用具をよく知りましょう。
◉ 利用者の移乗動作を把握しましょう。立ち上がるときは何か支えが必要なのです。

類似するCase

88

(テクノエイド協会HP)

上記原因の反省

❶……利用者によっては、立ち上がるときに支えとなるベッド用グリップなどを設置しましょう。
❷……あらかじめ本人の移乗動作を理解したうえでポータブルトイレを利用しましょう。
❸……ポータブルトイレの材質によって違いがあることを学びましょう。また、各種便利な機能もあるので調べておきましょう。

紙オムツのパッド交換で「あーっ!」

Ⅰ．ヒヤリ・ハットあるある㉕ 紙オムツ(パッドタイプ)＋トイレ

(原因は？ 2つ以上考えてください)

こんな状況でした…

イラスト：(公財)テクノエイド協会・ヒヤリ・ハット事例Case108より

　Cさんはトイレで用を足した後、便座から立ち上がって、いつものように紙オムツのパッドを交換しようとしたのですが、前につんのめりそうになってしまいました。

　このごろは歩くことが少なくなり、足腰も弱ってきたと思っていましたが、こんなにもなるのかと驚いていました。

Ⅰ.ヒヤリ・ハットあるある自問自答31

考えられる原因

❶ 介助者はCさんが、トイレに行ったことを把握していなかった。近くにだれもいなかったので、自分ひとりで行ってしまった。
❷ 紙オムツのパッド交換は、座ったまましたほうがよいという認識はあったものの、つい立って交換してしまった。また、介助者も注意を怠った。 ➡p.119
❸ 手すりなどを持ち体を安定させて、介助者に交換してもらうべきだった。

● 自分でパッド交換をするときは、座って行なうほうが安全です。パッド交換方法について、ていねいに教えましょう。

類似するCase

107・109

(テクノエイド協会HP)

上記原因の反省

❶ ……… 介助者が利用者の排せつパターンを理解し、自分でできるか介助が必要かを見極めておきます。また、ひとりで行なう場合は、座って交換してらいましょう。
❷❸ …… 立位で交換するときは手すりにつかまってもらい、安定した状態で介助者が交換しましょう。どうしても本人が立位で行なう場合は、座った状態でパッドを準備するように伝えましょう。

Ⅰ. ヒヤリ・ハットあるある㉖
入浴補助用具（シャワーキャリー）

「おっとっとっと、痛い!」シャワーキャリーが…

（原因は？　2つ以上考えてください）

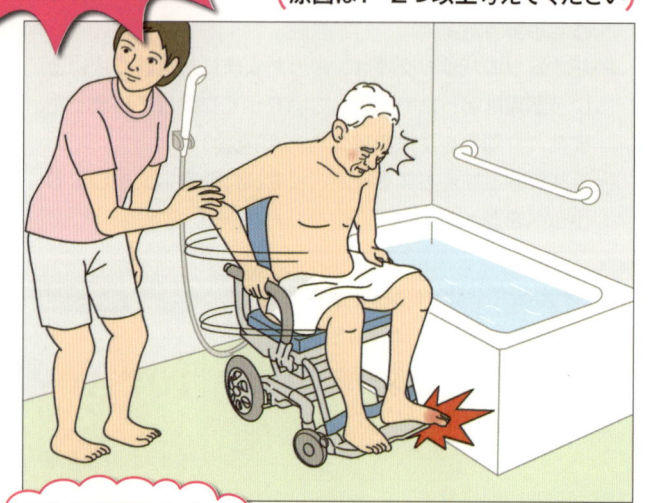

こんな状況でした…

イラスト：(公財)テクノエイド協会・ヒヤリ・ハット事例Case96より

　スタッフのSさんは、入浴介助に自信を持っていましたが、そこに油断が…。

　シャワーキャリーにスムーズに乗っていただいて、浴室外から呼ぶ声に答えようと、わき見して手を離したとき、シャワーキャリーが動いて利用者が浴槽につま先をぶつけそうになりました。考えるだけで痛そうな状況です。

Ⅰ.ヒヤリ・ハットあるある自問自答31

考えられる原因

❶ 浴室の床は、排水のために水勾配があり、シャワーキャリーの車輪をロックせずに手を離すと動いてしまうことがある。
❷ 浴室内は滑りやすいなどの危険が多いにもかかわらず、利用者から目を離した。 ➡p.123

◉浴室は事故が多発する場所です。利用者は体を保護する衣服やシューズを身につけていないので、細心の注意を払いましょう。

類似するCase

93

(テクノエイド協会HP)

上記原因の反省

❶……シャワーキャリーは、必ず車輪をロックしておくことです。排水溝のくぼみに車輪がはまってしまうことも考えられ、足をぶつけるどころか転倒してしまうおそれもあるので、特に注意しましょう。
❷……緊急の呼び出しがあっても、まずは自分の持ち場の安全確保をしてからです。車輪をロックして位置の安全を図り、利用者に声をかけてから外への注意を向けるようにしましょう。

Ⅰ. ヒヤリ・ハットあるある㉗
入浴補助用具
（浴槽用手すり）

入浴時に浴槽用手すりがぐらついて…

（原因は？　2つ以上考えてください）

こんな状況でした…
イラスト：(公財)テクノエイド協会・ヒヤリ・ハット事例Case100より

　歩行に困難があるＥさんですが、基本的にはお元気な方で、入浴もひとりでできます。お風呂が大好きで、毎日楽しみにしています。

　きょうも湯船につかろうとして、浴槽用手すりに体重を掛けましたが、ネジの緩みからガタつきが生じて、危うく…。

I.ヒヤリ・ハットあるある自問自答31

考えられる原因

❶ 浴槽用手すりは、工事などで完全に固定しているのではなく簡易固定だという認識がなく、だいじょうぶだろうと思っていた。➡p.123

❷ 定期的な点検をしていなかったので、手すりがぐらついていることに気がつかなかった。➡p.123

❸ 手すりを引っ張ってしまった。➡p.121

- ◉体重を支える手すりが外れると、大けがにつながります。
- ◉手すりのガタつきには気をつけましょう。
- ◉手すりによって設置条件が決まっています。取り付け前に説明書を読むなどして、よく把握しておきましょう。

上記原因の反省

❶❷……簡易固定のため、挟み込み調整ネジの緩みやゴム部の劣化によりぐらつきが出てきます。必ず入浴前に手すりが動かないか確認し、メンテナンスもしましょう。

❸………上からの力には強いですが、横に引っ張る力には弱いので気をつけましょう。

63

Ⅰ. ヒヤリ・ハットあるある㉘
入浴補助用具（浴槽台）

「えーっ!」浴槽台が…

(原因は？ 2つ以上考えてください)

こんな状況でした…

イラスト：(公財)テクノエイド協会・ヒヤリ・ハット事例Case103より

　浴槽台がいつもと同じ位置になく、さらにお湯でよく見えなかったので、天板の端に足を掛けてバランスを崩してしまいました。

　「なんだよ！ イスがいつもと違うところにあるじゃないか」と、怒り気味でした。

考えられる原因

❶ 浴槽台がいつもと違う位置に置いてあり、天板の端に足を引っ掛けた。
❷ 視力が弱くて、浴槽台の位置が確認できなかった。あるいは、お湯がたまっているのでずれて見えた。
❸ 手すりが必要な位置になかった。
❹ 利用していた浴槽台の機種や高さ設定などが合っていなかった。 ➡p.121

●浴室の環境は、入浴の動作全体が安全に行なわれるように、用具だけでなく住宅改修も含めた総合的な見方が必要です。

類似するCase

102

(テクノエイド協会HP)

上記原因の反省

❶❷……本人・家族・ケアマネジャーやサービス事業者と、事前に入浴の手順を確認しておき、入浴動作を画一的にしましょう。
❸❹……浴室にはいろいろな危険が潜んでいます。住宅改修やほかの入浴補助用具を含めて考えましょう。

Ⅰ．ヒヤリ・ハットあるある㉙
入浴補助用具（シャワーチェア）

入浴中にのぼせてふらついた

（原因は？　2つ以上考えてください）

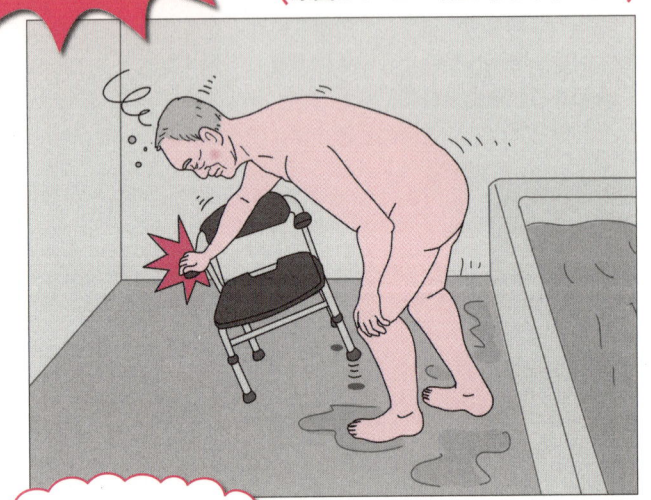

こんな状況でした…　イラスト：(公財)テクノエイド協会・ヒヤリ・ハット事例Case273より

　歩行に困難があり、ふだん杖を使用してるYさん（介護度1・在宅）は、高血圧気味ということもあって長湯を控えるように言われていましたが、家族の留守中にこっそり熱いお風呂に長時間つかっていました。「あー、極楽極楽」と、じっくり堪能して湯船から上がったとたんに立ちくらみがして、思わずシャワーチェアにつかまったところ…。

考えられる原因

❶ 浴槽用手すりや壁に固定した手すりなど、安全につかまる物がなかった。
❷ シャワーチェアのアームレストは手すり代わりにならないことを、事前に聞かされていなかった。
❸ シャワーチェアの脚の長さが互い違いになっていた。
　➡p.123
❹ 高血圧気味なのに、熱いお風呂に入ってしまった。

●つかまる所がないと、つい近くにある物はなんでも頼りにしてしまうものです。浴室と脱衣所の寒暖の差や熱い長風呂には気をつけましょう。

類似するCase

269・270

(テクノエイド協会HP)

上記原因の反省

❶❷……シャワーチェアの利用のしかたや用途について、十分に理解しましょう。
❸………高さ調整をしたときにガタつきがないか、よく確認しましょう。
❹………高齢者ケアの鉄則として、高血圧の人は「熱すぎる湯に入らない」「長風呂は避ける」「十分な水分補給をする」といったことを守りましょう。

Ⅰ. ヒヤリ・ハットあるある㉚
入浴補助用具（バスボード）

バスボードがずり落ちた

(原因は？　2つ以上考えてください)

こんな状況でした…

イラスト：(公財)テクノエイド協会・ヒヤリ・ハット事例Case276より

　転倒して足を骨折したBさん（要支援1・在宅）は、リハビリをがんばったおかげで、今ではひとりで入浴できるまでになりました。

　家族が新調してくれたバスボードを使って心地良く入浴していたのですが、浴槽内で方向転換をしたときにバスボードがずれて外れてしまい、思わずバランスを崩したのでした。

I.ヒヤリ・ハットあるある自問自答31

考えられる原因

❶ バスボードの裏のストッパーが緩み、ずれてしまった。
❷ バスボードの適合する幅と浴槽の幅に誤りがあった。
❸ 浴槽の形状に、ストッパーがうまく合わせられていなかった。
❹ バスボードの安全な使用手順を行なっていなかった。
➡p.121

- 浴槽にしっかりとした置き方をしましょう。
- 浴槽に合わないバスボードは利用をやめましょう。

類似するCase

274・275

(テクノエイド協会HP)

上記原因の反省

❶❷❸‥バスボードは、製造会社が指定する浴槽の幅が決まっており、その幅に合っていないと外れてしまいます。また、裏のストッパーが緩むこともあるので注意しましょう。
❹‥‥‥‥使用手順に慣れることが大切ですが、ひとりで入浴するより、介助者がついての利用をお勧めします。

Ⅰ. ヒヤリ・ハットあるある㉛
認知症老人徘徊感知機器（徘徊感知マット）

Iさんがいない!!

（原因は？ 2つ以上考えてください）

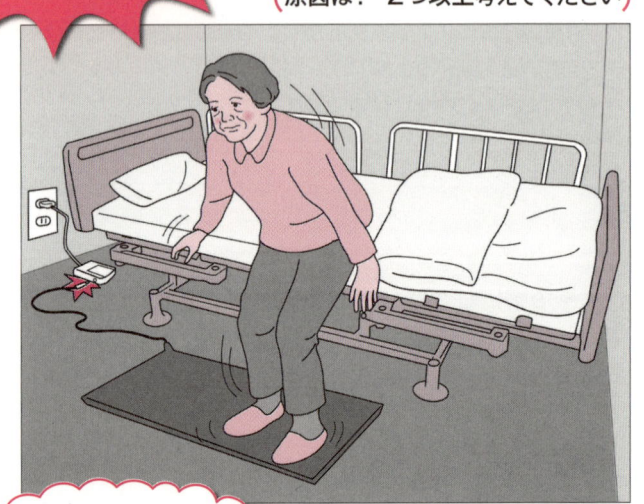

こんな状況でした…

イラスト：(公財)テクノエイド協会・ヒヤリ・ハット事例Case255より

　認知症で徘徊のあるIさん（認知症高齢者日常生活自立度Ⅳ・介護度3）がひとりで部屋を出て行かれたことに、スタッフがだれも気づきませんでした。幸いにもホールのソファーでウトウトされていたのを見つけたので事なきを得たのですが…。

I. ヒヤリ・ハットあるある自問自答31

考えられる原因

❶ 利用者がいつの間にかマット部の配線を抜いてしまい、いざ利用するときに作動しなかった。➡p.125

❷ マット部が経年劣化しており、利用者が乗ってずれることが繰り返され、しだいに配線が抜けてしまっていた。➡p.125

❸ 本体の電源がOFFになっていたため、作動しなかった。➡p.125

● 認知症で徘徊のある方が外に出てしまい、交通事故に遭うなどといった報道が多くあります。気をつけましょう。

類似するCase

254・256

(テクノエイド協会HP)

上記原因の反省

❶❷❸ 利用者が配線を抜いてしまったり、機械の故障や経年劣化があったり、スタッフの取り扱いミスなど、さまざまな原因があるので気をつけましょう。機械の点検・メンテナンスは欠かせません。

コラム 福祉用具通信

体に優しく・心に優しい

わたしが入社して間もないころの話です。

Tさん(要介護4・脳梗塞で倒れ、右半身が不自由)は、ご主人が昔使っていた車イスを使っていて、「デイサービスは時間が長いから疲れちゃうよ」と、嘆いていました。

そこで、1cm単位で設定を変えられるモジュール型車イスを提案し、足しげく、心ゆくまで調整などを手助けしました。

その後、Tさんから、「週3回のデイサービスで数時間座っていてもだいじょうぶ。行動範囲が広がったよ。もう一度立って歩けるよう、がんばらなくちゃネ!!」と、笑顔で声をかけていただきました。

「わずか1cmの変化でも、生活を変えられる」と感動し、「体に優しく・心に優しい」の大切さに気づかされた出来事でした。

（平井佑典）

2005年8月28日読売新聞「くらし安心」掲載

II. トラブル・事故回避のための
福祉用具解説

II章の **解説** を受けて、I章の「ヒヤリ・ハット」に戻りつつ、**シミュレーション** し直すことも大切です。下のII→I対照表を参考にしてください。ただし、複合的なことも多いので、さまざまにリンクさせてください。

II＝解説　　　　　　　　　　　I＝ヒヤリ・ハット
- ❶介護用ベッド········p.74〜→介護用ベッド関連·····p.10〜17
- ❷床ずれ予防用具······p.80〜→エアマットレスなど·······p.18
- ❸車イス··············p.84〜→車イスなど············p.20〜29
- ❹手すり··············p.92〜→手すりなど············p.30〜33
- ❺歩行器··············p.96〜→歩行器など············p.34〜41
- ❻歩行補助杖·········p.102〜→杖など···············p.42〜45
- ❼スロープ············p.106〜→スロープなど·········p.46〜49
- ❽リフト···············p.108〜→リフトなど············p.50〜55
- ❾ポータブルトイレ····p.114〜→排せつ関連具など····p.56〜59
- ❿自動排せつ処理装置··p.116〜→排せつ関連具など····p.56〜59
- ⓫オムツ···············p.118〜→排せつ関連具など····p.56〜59
- ⓬入浴補助用具········p.120〜→入浴関連具など······p.60〜69
- ⓭認知症対応機器······p.124〜→認知省関連具など········p.70
- ⓮自助具等生活支援用具p.126〜→なし

Ⅱ. ❶ 介護用ベッド

機能の基本と各部名称・解説

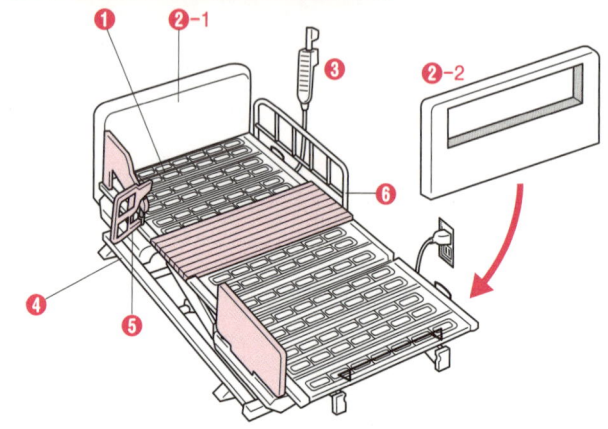

❶ ボトム
ベッドの底板です。この部分の幅と長さで本体の大きさが決まります。

❷-1 ヘッドボード
❷-2 フットボード
頭側と足側の板です。洗髪・清拭・ベッド本体の移動時は取り外すと便利です（板の部分をつかみ、本体を持ち上げると危険です）。ベッドの周りを歩くときに手すりとして利用することがあります。ロックされているか、注意が必要です。

❸ 手もとスイッチ
ベッド本体の各部（背・脚・高さ）を動かすコントローラーです。本人や家族の理解不足による誤動作があるので注意しましょう。

❹ ベースフレーム
ベッド本体のフレームです。このフレーム部分に各モーターが付いています。フレームの下に、子どもやペットが入り込み事故になるヒヤリ・ハットがあります。そのほか、荷物を置くと、ベッド本体を破損させる原因となります。

❺ ベッド用グリップ（介助バー）
（→p.76）

❻ サイドレール（→p.76）

介護用ベッドの機能

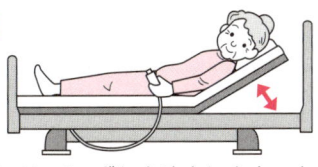

●背上げ機能

利用者の体を起こすときに利用します。ひざ上げしてから背上げ動作を繰り返し行なうことで、ずれを防止します。また、寝位置は、背上げの回転軸と大転子部が合うとよいです。
＊この動作を自動で行なうベッドもあります。

背上げ時に皮膚のずれや胸部・腹部を圧迫することがあるので、利用者を手前に起こす、左右の肩を持ち上げるなどの背抜き動作をして解消します。背下げ時には、止めることなく、最後まで動作を行なうと、気分が悪くなることがあります。

●ひざ上げ機能

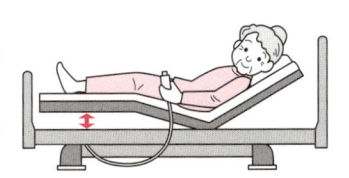

背上げ時のずれ防止や足の浮腫(むくみ)軽減などに利用します。
＊心臓の悪い方は、利用方法に注意しましょう。

●高さ上げ機能

利用者がベッドからの立ち座りを楽になるようにします。端座位時にひざを90°にすると安定し、それより少し高くすると立ち座りがしやすくなります。また、介護しやすい高さに上げることができ、腰痛予防になります。

II. ❶介護用ベッド付属品

●ベッド用グリップ(介助バー)
(→p.74❺)

ベッドからの立ち座りで使用する、ベッド用グリップです。車イスやポータブルトイレなどへの移乗のときも必要です。固定をしっかり行なわずに外れてしまうことで事故になるケースや、サイドレール同様挟み込みの事故が起こっています。カバーがあるので利用するとよいです。

●サイドレール(→p.74❻)

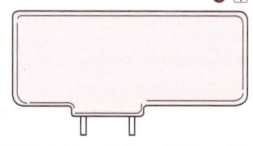

基本的にベッドから転落しないようにするための柵です。本体からの抜き差しが簡単にできるため、立ち座りの手すりとして利用するには不安定です。また、体の一部を挟み込む重大事故が発生しています。カバー(❶-①)があるので利用するとよいです。ベッドの四方をサイドレールで安易に囲むことは身体拘束・抑制になりますので注意が必要です。

●キャスター

ベッド本体を動かすための付属品。施設や病院などでは標準的なベッドに付いています。重量のあるベッドを移動することに利用します。キャスターをロックせずに利用すると、利用者の立ち座り時に、転倒の原因になります。

●テーブル
①ベッドのサイドレールに載せるタイプ
②昇降し、キャスター付きサイドから差し込むタイプ(❶-②)

Ⅱ.トラブル・事故回避のための福祉用具解説

③昇降し、キャスター付きベッドを囲うタイプ(❶-③)
④ベッドサイドに端座位して利用するテーブル。座位保持するタイプは背中の支えがあります(❶-④)。

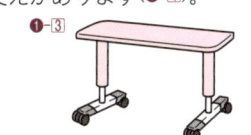

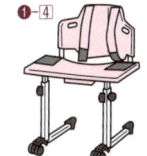

❶-② ❶-③ ❶-④

＊ベッド動作時にテーブルと本体の間に体を挟む、寄り掛かると急に動く、テーブルを押さえずに高さ調整レバーを握ると急に上昇するなどのヒヤリ・ハットがあります。

● 移乗を楽にするベッド周辺用具

移乗をスムーズにする用具がうまく利用できれば、介護者だけでなく利用者にとっても負担が軽減できます。

①トランスファーボード(❶-⑤)：ベッドから車イスなど、利用者が乗り移る先へ板の上を滑らせるようにして移動します(❶-⑥)。
②スライディングシート：体の下にシートを敷き込むことで、縦・横方向に簡単に移動できます(❶-⑦)。
③トランファーベルト(❶-⑧)：介護時に体をしっかりと支えます。移乗時に介護者の手が利用者から滑らないようにすることで、両者の負担を軽減します(❶-⑨)。

❶-⑤ ❶-⑥ ❶-⑦ ❶-⑧ ❶-⑨

77

II. ❶介護用ベッドの留意点

絶対にしてはいけないこと
×**利用者やベッドの周囲に目配りをせずに動かす。**
　介護用ベッドの電動モーターは、人を簡単に持ち上げる程の動力があり、重大事故につながるおそれがあります。
×**ベッド本体にほかのメーカー品を組み合わせて使用する。**
　現在は、同一メーカーでも適合性が細かく設定されていますので確認が必要です。例外として、床ずれ予防用マットレスやエアマットレスなどは、他メーカー品を組み合わせても対応可能なことが多いです。

フィッティング
●**介護用ベッドの幅と長さ**
幅3種類
- 83cm程度　介護のしやすい介護重視のタイプ
- 91cm程度　介護と寝心地の折中タイプ(現在の主流)
- 100cm程度　寝返りの理由から、寝心地重視タイプ

長さ3種類
- ミニタイプ　　　　身長150cm未満
- レギュラータイプ　身長150cm以上から170〜175cm未満
- ロングタイプ　　　身長175cm以上

＊幅と長さはあくまで目安で、メーカーにより異なります。

●**マットレス**
　マットレスは、固い・柔らかい・普通など、数種類あります。また、リバーシブルや端座位を取りやすい構造になっているもの、体のずれを軽減した構造など、さまざまです。本人が納得いくまで選ぶことがたいへん重要です。

Ⅱ.トラブル・事故回避のための福祉用具解説

メンテナンス（保守・点検）
- 定期的にマットレスに風を通し、日陰干しをしましょう。
- ベッドの手もとスイッチや電源コードが本体の可動部に挟まれていないかを確認しましょう。
- 各所で異音がしていないかを確認しましょう。
- ボトムが割れている、または変形していないかを確認します。
*本体の故障の場合は、自分で修理せず、事業者に連絡します。

使用する前の注意
- 利用者の腕や足など、体の一部がサイドレールなどのすき間に入ったまま動かさないようにしましょう。
- 立ち座りの際本体に足が挟まったまま昇降してはいけません。
- 酸素や尿道カテーテルチューブを挟まないように注意します。
- しかたなくベッドに介助者が乗るときは、ボトム（背・脚）が上がっていない、本体がいちばん低い、また、ベッド上の人の合計体重が、ベッドの耐荷重以下になるようにしましょう。
- 利用者の頭と足の位置が反対にならないようにしましょう。
- 仰向けで寝られているときの背上げ・ひざ上げ動作禁止です。
- ベッドを動かすときはテーブルを外しましょう。
- ベッドのテーブル昇降時は、物を置かないようにしましょう。
- ベッドのキャスターはロックしましょう。
- ベッドの下に子どもや荷物などが入らないようにしましょう。
- ベッド用グリップを固定しましょう。
- ベッド電源コードや手もとスイッチの配線を整理しましょう。
- 手もとスイッチが床に落ちないようにし、サイドレールの外側に掛けましょう。
- ヘッドボード・フットボードを固定しましょう。
- マットレス止めが外れてないか確認しましょう。

II.❷ 床ずれ予防用具

床ずれ(褥瘡)について

　長時間の局所的な圧迫により、皮膚・皮下組織が骨とマットレス・車イスのシートなどの間に挟まれ、毛細血管がつぶれて潰瘍になります。毛細血管がつぶれると血流が悪くなり、酸素と栄養が行き渡らなくなり、組織が死んでいってしまいます。

　床ずれを進行させる原因として、局所に一定の圧迫が掛かる状態の有無、皮膚のずれや摩擦の有無、低栄養状態(やせている)、湿潤がないまたは多すぎる、不衛生、浮腫、知覚の低下などが挙げられています。

●床ずれ(褥瘡)ができやすい人とは

・**寝たきりで自分で寝返りができない。**
　体を動かすことができないため、自分で圧を除くことができにくく、介護用ベッドでの背上げや車イスなどへの移乗動作時にずれや摩擦を受けやすいです。

・**栄養状態が悪く、やせている。**
　やせていると骨突出状態となるので、圧迫の影響を受けやすくなります。

・**関節が拘縮している。**
　体の拘縮のため寝返りがしにくく、局所的な圧迫・ずれや摩擦を受けやすいです。

・**皮膚の衛生が保たれていない。**
　排せつ介助や入浴介助が少ないので、排せつ物の汚れなどで衛生面を保てていないため、皮膚が損傷を受けやすいです。

Ⅱ.トラブル・事故回避のための福祉用具解説

● **床ずれ(褥瘡)と潰瘍の進行について**

床ずれは深さによって4つのステージに分けられます。
ステージ1：皮膚潰瘍前駆症状の紅斑がある。
ステージ2：表皮・真皮を含む皮膚の部分欠損。
ステージ3：筋膜までの皮膚の全層欠損。
ステージ4：筋・骨・支持組織に及ぶ皮膚の全層欠損。

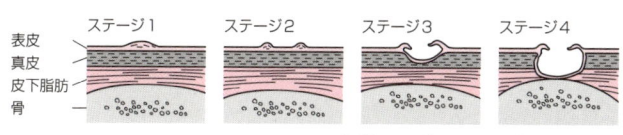

提供：アビリティーズ・ケアネット

● **床ずれ(褥瘡)ができやすい身体の部分**

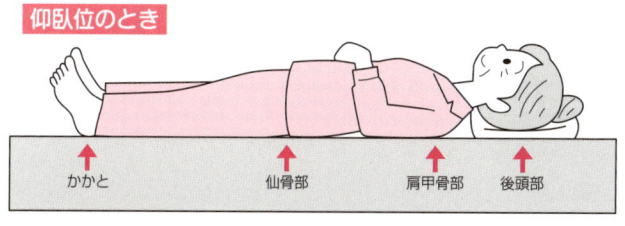

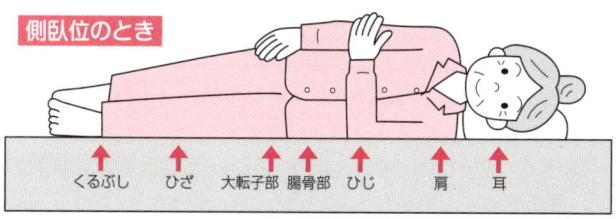

仰臥位のとき

かかと　仙骨部　肩甲骨部　後頭部

側臥位のとき

くるぶし　ひざ　大転子部　腸骨部　ひじ　肩　耳

II. ❷床ずれ予防用具

●床ずれ予防用マットレス
　静止型マットレスとエアマットレスの２種類です。本人の状態に合わせて選ぶとよいです。

自分の力で動ける利用者	→	**静止型マットレス**
自分の力で動けない利用者	→	**エアマットレス**
介助が必要な利用者		

提供：株式会社モルテン

＊床ずれ予防用マットレスの選定のスケールはさまざまです。代表的な製造メーカーは、ＯＨスケールを利用していることが多いです。
（堀田予防医学研究所　http://hotta-yobo.com/index.html）

●静止型マットレス
　柔らかいマットレスが多く、寝たときに体の形に合わせて、体に掛かる圧力を分散します。この機種のマットレスでも、ずれ予防、胸部・腹部への圧迫の軽減、かかとへの圧力軽減、端座位が取りやすいものなど、各種特徴や圧力分散性が異なります。事業者とよく相談してください。

●エアマットレス
　静止型マットレスと比べると、体圧分散性が高くなっています。コンピュータ制御したコンプレッサーでエアを送り込み、各種機能が付属しています。体重設定を介護者が行なうまたは機械が自動で行なうタイプ、蒸れ対策、冷え対策、リハビリ時、背上げ時、ベッドで端座位時、体位変換時などにもさまざまな対応ができます。ヒヤリ・ハットが重大事故につながりやすい用具で、各機種ごとに機能・形状・圧力分散性が異なりますので、事業者とよく相談のうえ利用してください。

Ⅱ.トラブル・事故回避のための福祉用具解説

エアマットレスの使用上の注意点

- 身体状態に合ったマットレスを選定しましょう。
- エアマットレスの要(かなめ)は電源です。誤って電源を抜いてしまうと、エアが入らないだけでなく抜けていることもわかりません。電源が入っていれば、エア不足をランプや音で知らせてくれます。タコ足配線も厳禁です。
- エアホースが曲がったり抜けたりしていないか、確認します。
- ベッドとエアマットレスの適合性があるので、注意が必要です。また、エアマットレスは厚みがあるため、サイドレールの高さにも注意しましょう。
- 体位変換機能を利用しているときは、背上げをしないようにしましょう。
- 電熱線が床ずれ(褥瘡(じょくそう))を悪化させるので、電気毛布の利用はやめましょう。低温やけどの心配もあります。寒いときは、空調やエアマットレスの冷え対策機能で温度管理しましょう。
- 破損のおそれがあるので、コンプレッサーをベッドの下に置かないようにしましょう。
- 体重設定が必要な機種は、正確に入力しましょう。
- エア抜けが心配なときは、エアマットの下から手を入れ、体と本体の間に空気があるか確認しましょう。
- 停電時の対応は各種異なるため、前もって把握しておきます。
- そのほか、コンプレッサーに異音がする、マットに穴があいたときなどは、すぐに事業者と相談しましょう。
- ベッドパッドは体圧分散効果が軽減するため、できる限り敷かないほうがよいでしょう。
- 各種機能はさまざまですが、必要な機能ですので、利用方法を熟知して対応しましょう。

II.❸ 車イス

機能の基本と各部名称・解説

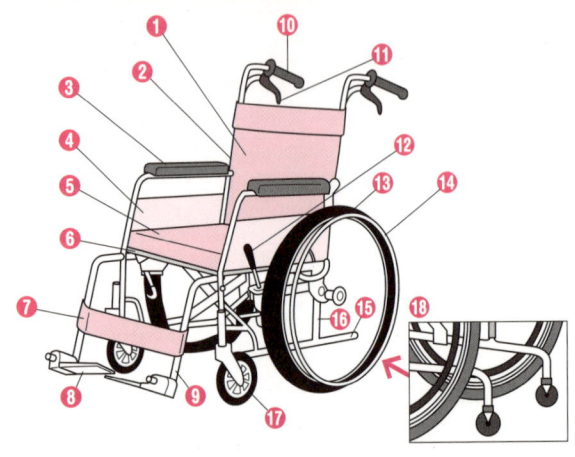

❶バックサポート
多くが1枚のシートでできた背もたれです。脊柱に合わせて、背張り調整できるものもあります。

❷背パイプ
バックサポートが付いている部分です。固定と背折れがあります。

❸アームサポート
ひじ掛です。跳ね上げ・脱着・高さ調整などタイプがあります。

❹サイドガード
利用者の衣類などがタイヤに巻き込まれないようにします。

❺クッション
材質が低反発ウレタン・ゲル・エアタイプなどがあります。

❻座シート
多くが1枚シートの座面です。調整式もあります。

❼レッグサポート
足が落ちないようにするシートです。

❽フットサポート
足を載せるプレートです。

❾フット・レッグサポート
❼❽が付く脚部です。固定・開閉・脱着式・角度調整式があります。

Ⅱ. トラブル・事故回避のための福祉用具解説

⑩介助用グリップ
車イスを押すときの握りです。

⑪介助用ブレーキ
介助用グリップに左右付属します。自転車と同じ要領で利用します。

⑫手もとブレーキ
車イスを停車するために利用します。左右にあり、駆動輪を固定します。

⑬駆動輪
車イスの主になるタイヤです。自走用・介助用で大きさが異なり、利用用途で選択します。

⑭ハンドリム
駆動輪に付いており、車イスをこぐときに使います。

⑮ティッピングレバー
介護者が前輪を持ち上げるときに踏み込み、利用します。

⑯フレーム
車イス本体の骨組みです。折り畳みできる・できないものがあります。

⑰前輪キャスター
大きさが各種あり、小さい：小回り・固い面、大きい：段差や溝、柔らかい面に有効です。

⑱転倒防止装置
段差や坂を登る際に、後方へ転倒するのを防ぎます。

車イス機能の基本

　車イスは、大きく分けて自走・介助・電動に分けられます（下表）。歩行困難な方が移動するための足代わりですので、利用する場所、身体状況、利用方法を考慮することが大切です。移動がスムーズになれば、生活の質は向上します。

　体に合う車イスを設定するために、1cm単位設定で走行性、乗り心地が違ってきます。また、クッションの有無、種類でも変わりますので、適切な選定が必要です。

＊最近では、標準型とオーダーメイドの中間で、寸法調整などができるモジュール車イスが増えています（p.72㊂㊉㊊参照）。

```
自走┬標準型       介助┬標準型              電動┬電動車イス
    ├6輪型            ├ティルト                └電動カート
    ├片手駆動型       ├リクライニング
    └スポーツ型       └ティルト＆リクライニング
```

Ⅱ.❸車イスの留意点

各部の気をつけること

p.84・85と併せて読んでください。

❶背張り調整ができるバックサポートの場合は、個々に合わせた調整をしましょう(❸-①)。
❷背折れ機能がある場合(❸-②)は、背パイプが固定されているかを確認しましょう。固定されていない場合は、介助のときに危険が伴います。
❸跳ね上げ・脱着・高さ調整後の固定確認をしましょう。
❹破損や変形することがあります。
❺クッションの劣化や空気が減っているかなどに注意します。
❻座シートの固定ネジの緩みによる突起に注意しましょう。
❼レッグサポートを取り付けていないことがあります。
❽フットサポートの高さを調整しましょう。
❾開閉・脱着・角度調整後の固定確認をしましょう。
❿経年劣化で外れることがあります。
⓫左右のブレーキの効き目が均等でないときは注意しましょう。
⓬停車時は必ず左右のブレーキを掛けましょう。
⓭タイヤの溝のすり減りと空気圧に注意しましょう。
⓮利用中にぶつけてササクレができていることがあります。
⓯利用しないで、グリップをつかみ、力任せにキャスターを上げることで、背折れタイプのパイプに負担が掛かります。
⓰フレームは、数年経過すると歪みができます。
⓱使用用途に合わせて適切に選択しましょう。
⓲利用状況でセッティングを変えるので、そのつど確認しましょう。

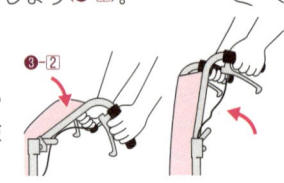

高齢者の不良姿勢

●側湾座り

脳卒中などで片マヒになった高齢者が、マヒ側に倒れてしまうことがあります。マヒがある方の多くは感覚がなく、力が入らない状態であるために、体を支える物がなければ倒れていく一方になります。

●仙骨座り（ずっこけ座り）

座位の安定が保てない高齢者、体に合わない車イス利用やクッション未利用の場合、臀部（おしり）が前にずれていってしまいます。また、標準型車イスの多くが1枚の硬いシートで作られているため、臀部の痛みや疲れでこの姿勢になることもあります。この状態は、床ずれ（褥瘡）悪化などの問題も生じさせます。

●円背

骨粗鬆症で脊柱が圧迫骨折したという理由で、背骨が曲がってしまっている状態です。そのため、標準的な車イスの1枚シートでできているバックサポートでは安定せず、辛い姿勢が続くことになります。

II.❸車イスの留意点

フィッティング

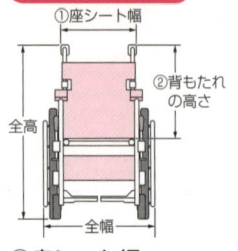

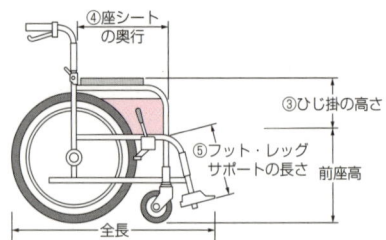

①座シート幅
　臀部(おしり)の左右に2cm程度のすき間があるとよいです。簡易的な測り方として、手のひらを左右に入れられる程度です。

②背もたれ(バックサポート)の高さ
　肩甲骨の下です。また、円背の方は背張りの調整をするとよいです。

③ひじ掛(アームサポート)の高さ
　ひじが90°になるくらいの高さです。もし側湾がある場合は、体が倒れているほうを高目にします。

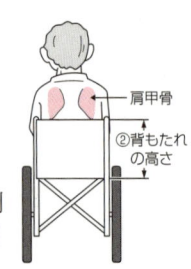

④座シートの奥行
　ひざ裏から座シートまでの長さが5〜7cm程度です。メジャーなどがない場合は、ひざ裏から座シートの先端まで手の指を当て、ひとさし指から小指までの幅くらいが目安になります。

⑤フット・レッグサポートの長さ

大腿部(太もも)が車イスシートやクッションに密着するようにしたときの、ひざ裏からかかとまでの高さです。

＊クッションやシューズの高さを考慮します。段差や坂に接触するため、フットサポートは地面から5㎝以上空けましょう。

●車イスクッションの種類と違い

車イスの利用時はクッションが必要です。クッションの種類や設定で、高齢者の不良姿勢を改善する用具のひとつです。

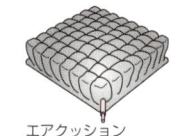

エアクッション　　　ジェルタイプ＆ウレタン　　　低反発ウレタン

圧力軽減　効果強 ◀------------------- 効果弱
値段　　　高価 -------------------▶ 安価

＊購入の場合、価格差は大きいですが、介護保険制度での貸与の場合は数百円の差で済みます。
＊それぞれ使い方や種類・形状などが異なるので、事業者とよく相談してください。

●その他の機能(リクライニングとティルト)

姿勢が不安定な高齢者は、座位を保つことができません。そのため、リクライニング(背シートが倒れる)(❸-③)とティルト(座シートが傾く)(❸-④)という機能があり、両方の機能を備えているものと、どちらかの機能だけのものがあります。

II. ❸車イスの留意点

メンテナンス

- 多くの車イスのタイヤは、自転車と同じようにチューブが入っています。空気が抜ける原因として、パンク以外では虫ゴム(❸-⑤)の劣化があります。虫ゴムは、ホームセンターや自転車屋で販売しており、だれでも簡単に交換できます。
* 虫ゴムなしのバルブやチューブレスタイヤもあります。
- 駆動輪の車軸にあるドラムブレーキや手もとブレーキには、油を差しません。ブレーキの効きが悪くなる原因になります。フレームの可動部分などの動きが悪いときは油を差してもだいじょうぶです。
- フットサポートのネジが緩み、突然脱落したり簡単に下降したりすることがあるので、点検・増し締めして調整しましょう(❸-⑥・⑦)。
- 折り畳みできる車イスで、可動部分のネジが緩んでいるときは事業者に連絡しましょう。
- エアクッションなどで調整が必要な場合は、空気が抜けていないかなどを確認し、適宜メンテナンスしましょう。
- 介助ブレーキや手もとブレーキの効きが左右異なる場合は、必ず事業者にメンテナンスしてもらってください。

絶対にしてはいけないこと

× 車イスを歩行器代わりに利用する。
× 本体の耐荷重を守らずに利用する。
× レッグサポートやアームレストが外れた状態で車イスを押す。
* 本人が足こぎをするときは、レッグサポートを外してもよい。

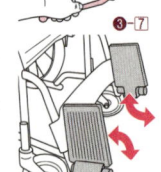

Ⅱ. トラブル・事故回避のための福祉用具解説

車イスを利用するときの注意点

- 利用者が乗っている車イスを持ち上げるときは、必ずふたり以上で、固定されているフレーム部分を左右バランスよくつかんでください(3-8)。介助者の身長がそろっているほうが安定します。
- 段差に進入するときは、斜めから進行せずに垂直の動線で動かしてください(3-9)。バランスを崩し危険なことがあります。
- 道路の傾斜に注意しながら、グリップの左右で力の入れ方を介助者が調整しましょう(3-10)。
- 下り坂や段差は、介助ブレーキを使い、後ろ向きで下ります。前向きだとたいへん危険です(3-11)。
- 転倒防止装置の設定を変えた場合は、平地で機能するように必ず元に戻しましょう(3-12)。
- フットサポートに足が乗っている状態で立ち上がってはいけません(3-13)。
- 車イスが動いているときに体の一部を車イスに挟んだり目配りせずに壁などにぶつけたりしないようにしましょう。

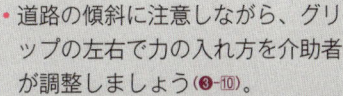

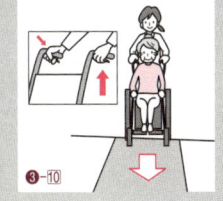

91

II.❹ 手すり

手すりについて

　歩行が不自由な高齢者にとって、手すりは移動するために必要な用具です。できるかぎり介護保険制度を利用するなどして住宅改修工事を行なったほうが強固で安全に設置できますが、住宅改修には所有者と施工上の制限があります。しかし、取り付けタイプの手すりの場合は、設置条件さえ合えば、ここに手すりがあれば安心安全という場所に設置できます。例えば、床と天井の間に突っ張る、据え置く、取り付けるなどの各種手すりで、居室・玄関・便所・浴室等に簡易固定できるため、たいへん便利です。

● 居室用手すり

- 床と天井に突っ張り棒型手すり(❹-①)は、天井の強度が必要です。定期的な点検が必須です。
- 介護用ベッドを利用するまでもないが手すりは必要などの場合に、ベッドや布団周辺に置く据え置き型手すり(❹-②)です。
- 据え置き型手すりをつないだ手すり(❹-③)などがあります。
下の板でつまずくなどのヒヤリ・ハットがあります。

＊手すりの間に体の一部を挟み込まないためのカバー(❹-④)もあります。

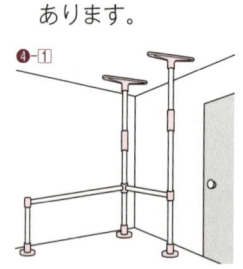

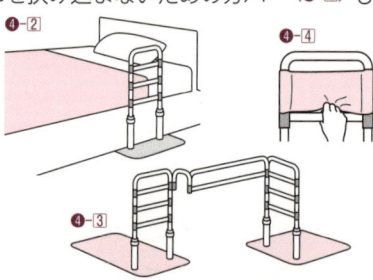

●玄関用手すり

- 壁に取り付けた住宅改修事例（❹-⑤）で固定され、安全です。
- 玄関に置く手すり（❹-⑥）は、重量があり安定的です。踏み台が付属しているものもあります。省スペースや屋外仕様もあります。
- 天井に突っ張り棒型手すり（❹-⑦）は、省スペースですが、設置を適切にしないと外れてしまうことがあります。

●便所用手すり

- 壁に取り付けた住宅改修事例（❹-⑧）で固定され、安全です。
- 便器に簡易固定した手すり（❹-⑨）で、固定が緩んで不安定な状況によるヒヤリ・ハットがあります。

●浴室用手すり

- 壁に取り付けた住宅改修事例（❹-⑩）で固定され、安全です。
- 浴室の床・天井・浴槽で固定します。設置条件が厳しいです（❹-⑪）。

Ⅱ.❹手すりの留意点

絶対に注意すること

●突っ張り棒型手すりは、設置状況に注意が必要です。このタイプは、床と天井で固定しているため、どちらの強度が弱くても取り付けができません。取り付けたときは問題ないように見えても、徐々に天井が浮き上がってしまい、外れてしまうことなどがあります。そのほか、斜めに取り付けてしまうことがあります(❹-⑫)。現場で警告ラインが出ていたら(❹-⑬)、すぐに事業者に連絡しましょう。

❹-⑫

❹-⑬

警告ライン

●便器に簡易固定する手すりは、図のような便器固定ノブをしっかり締めることが必要です。緩んでいるときは不安定な状況になり、ヒヤリ・ハットの原因になります。そのほか、耐荷重を守ることが重要です。

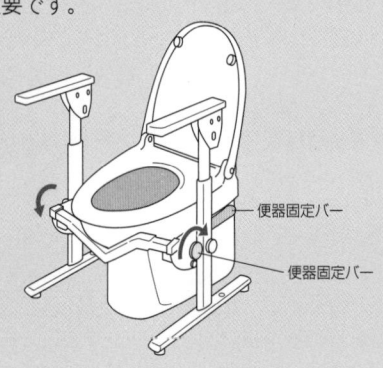

便器固定バー

便器固定バー

Ⅱ.トラブル・事故回避のための福祉用具解説

- 据え置き型手すりは、ベッドと手すりのすき間に挟まるヒヤリ・ハットがあります。必ず平行に密着して置き、すき間がないことを確認しましょう(❹-⑭)。ベッドにキャスターが付いている場合は、立ち座りのときに危険なため、ロックをするか、できる限り利用しないことを検討しましょう(❹-⑮)。布団で利用するときは、敷布団の下にベースの半分を平行に入れているかを注意します(❹-⑯)。

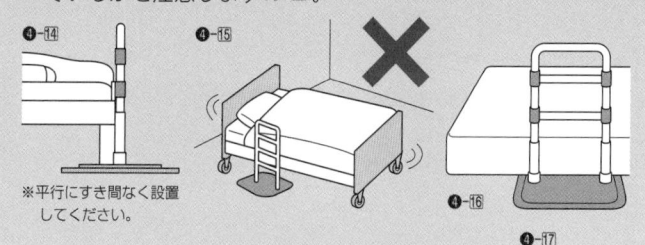

❹-⑭

※平行にすき間なく設置してください。

❹-⑮

❹-⑯

- 浴室用手すりは、天井の傾斜や湾曲しているユニットバスの縁にあるエプロンが浴槽より出っ張っている場合(❹-⑰)、排水のグレーチング(❹-⑱)や溝の上にポールが位置するとき(❹-⑲)などは設置ができません。もしこのような状況で取り付けされていたら利用は停止しましょう。突っ張り棒同様に、警告ラインにも注意します。

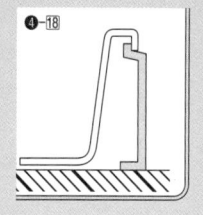

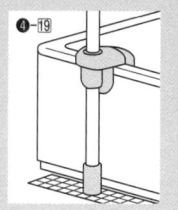

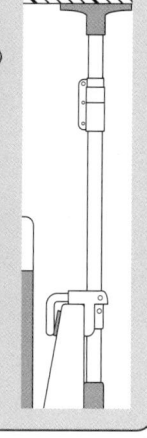

❹-⑰

❹-⑱

❹-⑲

95

II.❺ 歩行器

シルバーカーについて

＊自立歩行可能な方

　自立歩行ができる高齢者が買い物などに行き、荷物を運ぶときや休憩するときに利用します。長距離歩行の補助を目的にしています。歩行が不安定な方には適しません。介護保険制度での貸与はできません。

● **コンパクトタイプ**（❺-①）

　折り畳むとたいへん小さくなるため、電車やバスなどの公共交通機関への持ち込みがしやすい。収納できる量が少なく、座る部分が小さいので、座るには少し不安です。

● **ミドルタイプ**（❺-②）

　収納や座るスペースが適度にあり実用的ですが、折り畳んで公共交通機関に持ち込むのはやや困難になってきます。

● **スタンダードタイプ**（❺-③）

　収納や座ることに対しては有効ですが、折り畳んだ場合はスペースを取ります。大きいため、❺-①・②より1kg程度重くなります。

● **その他**

　酸素ボンベを積み込めるシルバーカーもあります。

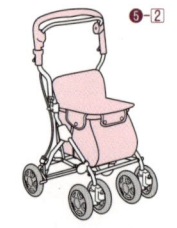

Ⅱ.トラブル・事故回避のための福祉用具解説

歩行車について

＊自立歩行ができない方

　介護保険制度では、体の前や左右を囲うことが条件となっており、自立歩行が難しく歩行が不安定な方と介助者との外出援助や、リハビリ時に利用します。転倒のリスクがある方は、歩行車の利用を勧めます。目安として、介護保険制度適応貸与ができれば、この機種になります。停車して座ることもできます。

●スタンダード歩行車（❺-④）

　大きめの歩行車で安定的です。❺-⑤と比べると、奥行が長く、重量が重いです。機種により、急発進に備えてスピード抑制をする機能、テーブル、酸素ボンベや杖ホルダーが付けられるものもあります。

❺-④

●シルバーカーに似ている歩行車（❺-⑤）

　外見がシルバーカーのようになっていますが、介護保険制度における条件は満たしています。❺-④よりも軽くてコンパクトです。

❺-⑤

歩行器について

❺-⑥

●ピックアップウォーカー

　杖や手すり歩行では不安な方が利用します。グリップを握り持ち上げ、歩行器（❺-⑥）を進めてから体を移動させる手順で移動します。

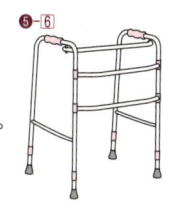

97

II. ⑤歩行器

両手で握り、持ち上げることができる方が対象です。もし、持ち上げることができない場合は、キャスターの付属品(❺-⑦)や、歩行器の足が交互に動く交互型ウォーカー(❺-⑧)もあります。後方へ転倒するヒヤリ・ハットがあるので、身体状況との適合性に注意が必要です。

❺-⑦　❺-⑧　交互型ウォーカーの使い方

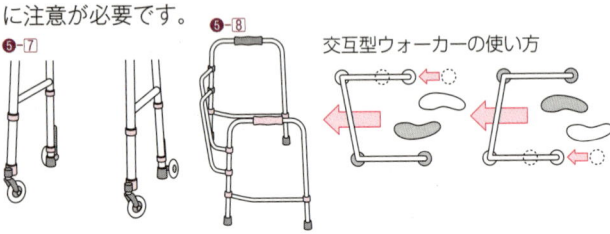

●アーム付き歩行器

ひじをアームに載せて利用します。通常の歩行器よりは下肢への負担が少ないです。ただし、段差を超えることは不向きです。アームにブレーキが付いているタイプ、6輪タイプやキャスターに速度調整が付いているタイプなどがあります。

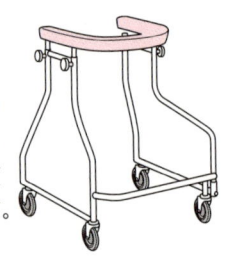

フィッティングの基本
●シルバーカー
- 握りの高さを、へそ位置±5cm程度に調整します。
- 握りの高さが、原則ひじを45°程度に軽く曲げた位置になるように調整します。

＊腰が曲がった方は、ハンドルの位置が上がります。

Ⅱ.トラブル・事故回避のための福祉用具解説

●歩行器（歩行車含む）
- 握りを持って30°くらいになる高さにします❺-⑨。
- 握りが手首の高さ、または大転子くらいの高さにします。
- 握りが身長÷2＋3㎝（腰が曲がった方は、身長÷2くらい）

●アーム付き歩行器
- アームの高さは、ひじの位置、または、少し高いくらいです。

＊あくまで一般的な基準ですので、最終的には本人と医療職に相談してください。

＊高さを合わせた後、本人に使い勝手を確認しましょう。

❺-⑨

注意すること

- キャスターが付いている歩行補助具は、腰掛ける、立ち上がる、前方へ移動するときなどに危険が伴います。身体状況との適合や利用方法を考慮しましょう。
- 歩行器は、平らな床面で利用します（ピックアップは小さい段差なら越えられる）。シルバーカーや歩行車は外で利用する機会が多いですが、整地での利用を基本とします。急勾配な坂・溝・高い段差などがある場合は、利用を控えましょう（段差を上るとき、降りるときの利用方法参照）。
- 折り畳めるタイプは、歩行補助具を使えるようにしたとき、必ず各所のロック固定を確認しましょう。不意に折り畳んでしまうことなどがあります。
- 後方への転倒やバランスを崩した転倒が多いので気を配りましょう。

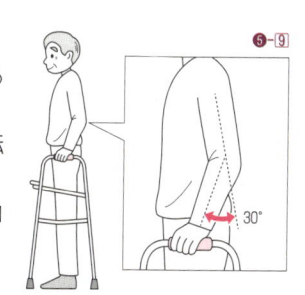

II.❺歩行器

- ハンドルやグリップの高さ調整をした後は、必ず固定します。
- シルバーカーや歩行車は、車イスの代わりにはできません。
- 回転タイプのキャスターは、その動きに注意して利用します。
- 片手での利用は禁止です。
- 片方の手や腕の力が極端に弱い場合は利用を控えましょう。

使用前のチェックとして大切なこと

- ブレーキの具合、本体フレームのきしみやガタつきがないことを確認しましょう。
- 使用者の体重制限を守りましょう。
- 使用する前に必ず取扱説明書を読んで理解しましょう。

段差を上るとき・下るときの利用方法

　歩行器を利用している高齢者が段差を超えるときはバランスを崩しやすく、危険が伴い、ヒヤリ・ハットの原因になります。

● **歩行器**

上るとき

歩行器（4脚すべて）を段差の上に持ち上げて、健側から患側の足順で上ります。

下るとき

歩行器（4脚すべて）を段差の下に持ち下げて、患側から健側の足順で下ります。

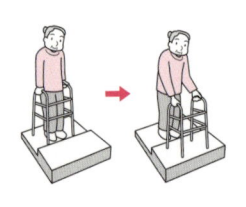

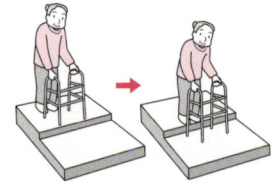

II.トラブル・事故回避のための福祉用具解説

● 歩行車

上るとき

前輪キャスターを段差の上に乗り越えてから後輪キャスターを持ち上げ、健側から患側の足順で上ります。

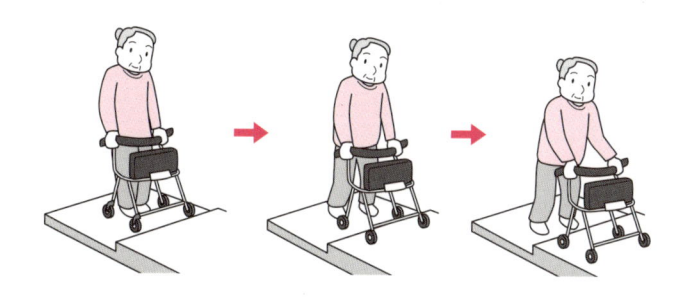

下るとき

前輪キャスターを段差の下に降ろし、後輪キャスターを下げ、患側から健側の足順で下ります。

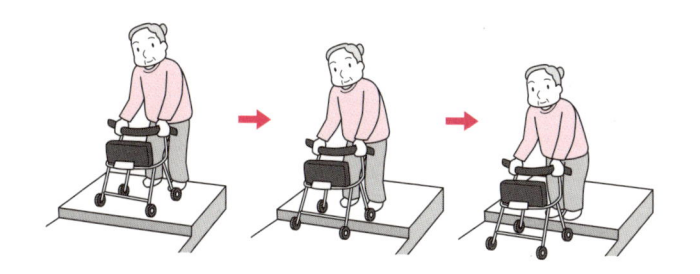

II.❻ 歩行補助杖

歩行補助杖について

　歩行を安定させるために使用する非常に便利な用具ですが、同時に体を預けるという要素から、転倒につながるヒヤリ・ハットが多くなっています。転倒の原因で多いのは、杖の先ゴムが劣化していることや本人に合った杖を利用していないことなどが考えられます。

　一般的な種類の杖を見てみましょう。基本となる目安で、使いやすさや医療関係者の意見を参考に選択することが大切です。

●T字杖（❻-① ・ ②）

　もっとも普及しているT字杖は、一本杖、伸縮杖（❻-①）、折り畳み杖（❻-②）の3種類です。

●四点杖（❻-③）

　T字杖では、体を安定させることのできない方が利用します。杖の先が4本になっているため、安定性がありますが、不整地では不向きです。

　また、持ち手に合わせたベースの設定をしないと、足を引っ掛けてしまうヒヤリ・ハットがありますので、注意が必要です。

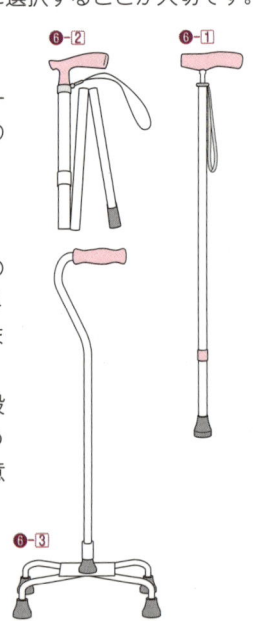

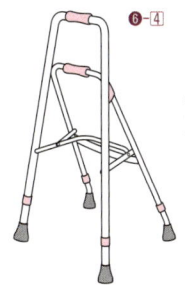

Ⅱ.トラブル・事故回避のための福祉用具解説

● サイドケイン(サイドウォーカー)(6-4)

イスなどの座位姿勢からの立ち上がりに利用します。片マヒの方が歩行するときに、安定します。

● ロフストランドクラッチ(6-5)

腕周辺にあるカフ（腕に巻くバンド）と手のグリップの2か所で支持できるため、T字杖より安定的に持つことができます。両手に持つと、下肢への荷重を軽減したい方、片側下肢切断の方なども利用できます。

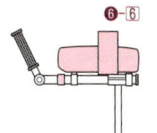

● プラットフォームクラッチ(6-6)

リウマチをはじめとする関節炎などで、一本杖での歩行が困難な方が、ひじを置いて利用します。

● 松葉杖(6-7)

わきと握りで体重を支えます。ロフストランドクラッチより荷重を掛けることができます。高齢者より少し若い世代が対象となることが多いです。

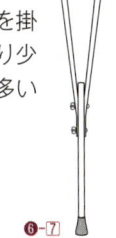

103

II.❻歩行補助杖

フィッティング

● **T字杖（ロフストランドクラッチ・四点杖・サイドケイン・歩行車の握りの高さは共通）**
- 足の小指側15cmくらいに杖先を置き、ひじが30°程度です（❻-⑧）。
- 大転子の横側か手首くらいの位置（❻-⑨）です。

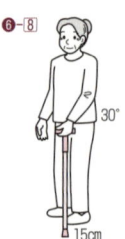

● **その他**
- ロフストランドクラッチのカフは、手首とひじまでの中央位置です。
- 松葉杖わき当ては、わきの下から指3・4本程度空ける位置です。

注意点

- 杖が滑ったため転倒し、大けがをしたという事例は多くあります。劣化した先ゴムを交換していないことなどが原因です（❻-⑩）。杖の太さに合った物と交換しましょう。
- 高さ調整ボタンが穴から出て、固定リングが締めてある。杖を突いたとき、頻繁に「カチッカチッ」と音が鳴る場合は、固定リングが緩んでいます（❻-⑪）。
- 側溝のふたの網目などに、杖の先が入らないよう気をつけましょう（❻-⑫）。

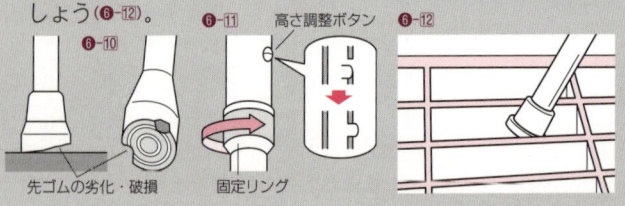

Ⅱ.トラブル・事故回避のための福祉用具解説

- グリップは正しく握りましょう。

- 半身マヒやけがなど、疾患があるときの歩行方法。

平地 2点動作歩行「①杖と患→②健」、3点動作歩行「①杖→②患→③健」の順番で歩くと安全です。

2点動作歩行　　　　　　　　3点動作歩行

患側
健側
杖

階段 上る「①杖→②健→③患」、下る「①杖→②患→③健」の順番で歩くと安全です。

上る　　　　　下る

患側 健側
①杖
②
③
①杖
健側 患側

＊歩行方法や階段昇降方法については、医療関係者と相談しましょう。

105

II.❼ スロープ

スロープについて

　簡易スロープは、レール型と１枚板型の２種類に分けられます。介助者が押す場合と自走・電動式車イスで利用する場合では、長さが異なります。介護保険制度で利用する簡易スロープは、介助者が押すことが多いようです。スロープには基準がありますが、置く場所や介助者の力量なども考慮する必要があります。

● １枚板型（❼-①）
　使用する場所の幅に合うスロープを選択することになります。折り畳みや軽くて強固なカーボン製など、特徴があるタイプがあります。角度が急になる場所では、車イスのグリップが高めの位置になるので注意が必要です。

● レール型（❼-②）
　２枚のレールを置いて利用します。スライド式で長さを調整できるタイプもあります。１枚板型と異なる点は、使用する場所の状況に合わせて、ある程度幅を調整できるところです。

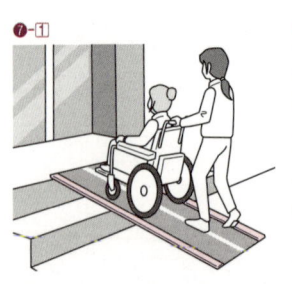

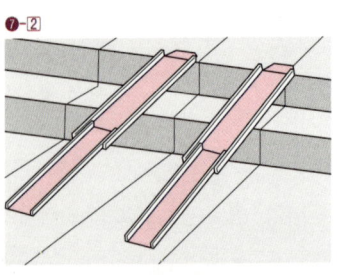

❼-①

❼-②

Ⅱ.トラブル・事故回避のための福祉用具解説

スロープの測り方

段差の高さの合計を介助者が押すときと、自走・電動式車イスを利用する場合の長さに換算し、長さを決めます。目安のため、現場・介助者・本人の状態で微調整してください。

●**介護者が押す場合**

「段差の6～8倍以上」の長さがあれば、楽に押すことができます。

〈例〉20cmの段差を越える場合
　　　120～160cm以上

●**自走・電動式車イスの場合**

「段差の12～15倍以上」の長さが必要です。

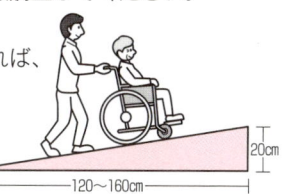

提供：アビリティーズ・ケアネット

注意点

- スロープ上部は段差に適切に設置します(❼-③)。
- レール型は、左右の長さを均等にします。
- 車イスの転倒防止バー(❼-④)・フットレスト(❼-⑤)は、当たらないように調整しましょう。
- 上るときは前進、下るときは介助ブレーキを使い、後進します(❼-⑥)。
- 正確な設置が確認できるように、目安をつけておきましょう。
- レール型は、2本のレールの真ん中を歩くため、置き方によっては介助者が押すときに足がもつれて転倒してしまう危険性があるので注意しましょう。

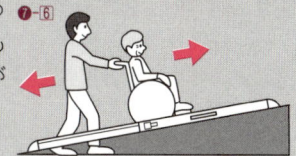

II.8 リフト

リフトについて

　移乗動作でもっとも多い腰痛発生状況は、車イスとベッドの間で単独移乗を行なっていることで起こるとされています。介護の種類別では、入浴介護時の移乗がもっとも多い状況と報告されています。また、単独での作業における腰痛発生が多くなっています。

　このような状況を打開する用具としてリフトがあります。最初は抵抗があるかもしれませんが、慣れれば非常に簡単に扱えますので、ぜひ利用してみてください。

＊厚生労働省「職場における腰痛予防対策指針の改訂及びその普及に関する検討会報告書」平成25年６月18日より。

●ベッド固定式リフト

　ベッドの頭側か足側、どちらかに立てた支柱を軸に360°回転し、アームが上下することで移乗します。在宅で利用することが多く、慣れれば使用も簡単です。短所は、支柱の回転できる範囲しか移乗できないことです。

●天井走行式移動用リフト

　ベッドをまたぐようにしてやぐら型のレールを建てる(❽-1)、または、家や施設の天井にレールを設置する場合(❽-2)があります。後者では、レールが天井に埋め込まれることもあります。レールの範囲を安定的に移動でき、利用しやすいです。短所は、

やぐらを建てるスペースの確保が必要なことと、天井に設置・埋め込みをする工事費が高額になることです。

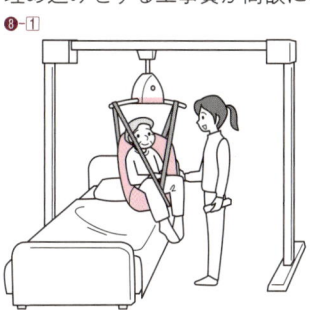

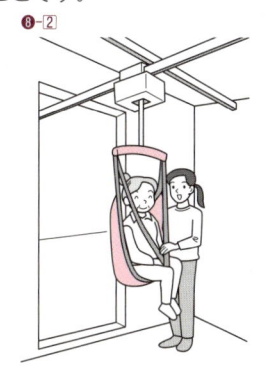

❽-1　　　　　　　　　　　❽-2

● 床走行式リフト

リフトのアームで持ち上げ、同時に本体とアームの範囲で移動ができます。ただし、スリングシートに持ち上げられているのは楽な姿勢ではないので、長時間のつり上げは、利用者にとってつらいものです。走行面が平らでない場合（段差、じゅうたん、畳など）は、移動させることが困難です。本体と利用者で少し重量があることや、動かしたときに利用者が揺れるように動いてしまうことがあるなど、動かすことに慣れが必要な機種です。施設や病院での利用に向いています。ひとつのフロアに数台あれば、複数の利用者に利用できるメリットがあります。

II.8 リフト

●浴室用リフト

　手すりや入浴補助用具は、浴槽での立ち座りができない方が利用します。座面部分を４本のワイヤーで昇降させます。本人が利用しないときは座面を取り外すことができます(❽-③)。そのほか、ベッド固定式同様に支柱を浴室に設置する入浴用リフトもあります(❽-④)。それぞれ設置条件があります。

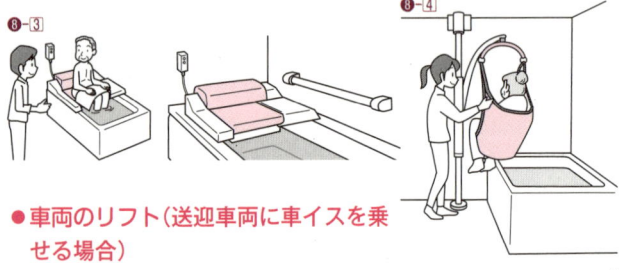

❽-③　❽-④

●車両のリフト（送迎車両に車イスを乗せる場合）

　リフト部に乗り、車両の中に移動する(❽-⑤)、またはスロープを引き出し乗り込む(❽-⑥)仕様になっています。ヒヤリ・ハットが起こりやすいのは、リフトが動くときに車イスを固定していなかったこと、車両に車イスを固定する際に固定場所が適切でなかったなどがあります。

❽-⑤　❽-⑥

Ⅱ.トラブル・事故回避のための福祉用具解説

● **段差解消リフト**

　既製品と現場に合わせた特注品があります。設置するためには、設置スペースやリフトに行くまでの動線が必要になります。また、昇降するときに乗り降りのスロープが折り畳まれ、フットガードになりますが、特注品にはない場合があるために、家屋とリフトに足を挟みそうになるヒヤリ・ハットがあります。

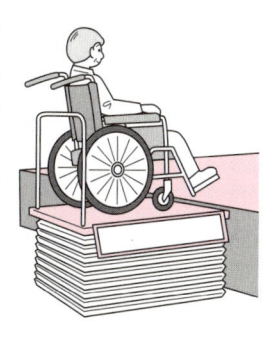

● **階段昇降機（設置型・可搬型）**

　設置型（❽-⑦）は、直線型・曲がり型・屋外型の3種類あります。特徴として、直線型はレールが汎用で納期や金額が抑えられていますが、曲型はレールが特注で、屋外型は防水加工されており、金額や納期が掛かります。設置ができない共同住宅などでは可搬型（❽-⑧）があります。取扱条件がありますので、確認が必要です。

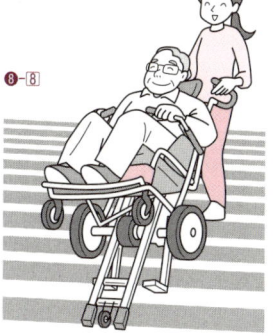

❽-⑦　❽-⑧

II.8 リフト

つり具(スリングシート)の種類

　脚分離型(8-9)、シート型(8-10)、セパレイト型(8-11)、トイレ用(8-12)の4種類あります。標準では脚分離型を利用し、入浴時はシート型を利用するとよいです。体の安定が悪い方は、首や肩までシートがあるものを利用します。安定している方は、わきの下くらいのシート、セパレイト、トイレ用などが利用できます。体を覆う部分が少ないほうが取り外ししやすいです。また、スリングシートが怖いという方は、入浴時のみ、専用シャワーキャリーでキャスター部を取り外し使用します(8-13・14)。

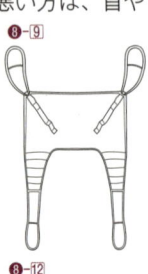

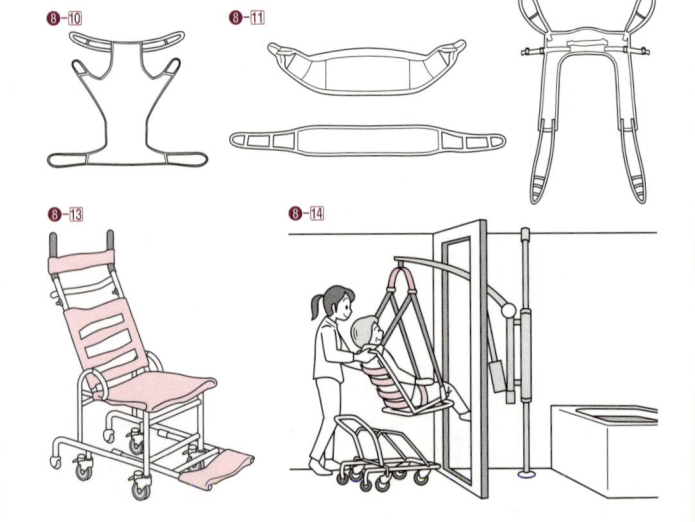

Ⅱ.トラブル・事故回避のための福祉用具解説

> 注意点

- 移動用リフトの操作に夢中になってしまい、リフトのアームやハンガーが利用者にぶつかっているのに気づかないまま動かすと危険です。リフトの動作には注意しましょう。
- スリングシートの取り付けが正しくないために、利用者がずり落ちそうになることがあります。また、利用者本人だけでなく、車イスにシートを引っ掛け、いっしょにつり上げてしまうことがあります。導入時入念に練習しましょう。
- 入浴用リフトのシート固定がされておらず、利用時に落ちそうになることがあります。
- 入浴用リフトのバッテリーが切れて動かなくなることがあるので、必ず充電しておきましょう。
- 車両用リフトで車イスの手もとブレーキを固定しておかないと、リフトが動いたとき後方へ転倒する危険があります。また、車イスの固定フックを可動部分に付けてしまうと、危険を伴うことがあります。必ず固定されている部分に掛けましょう（❽-⑮・⑯）。
- 段差解消リフトに乗り降りのスロープがない特注品の場合は、家屋と機械の間に足を挟み込まないようにしましょう。

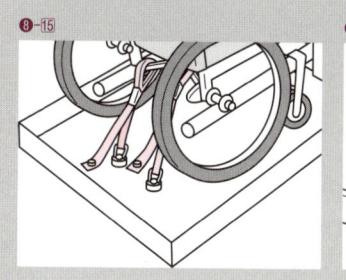

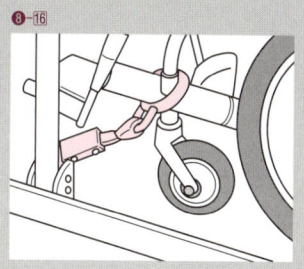

❽-⑮

❽-⑯

Ⅱ.9 ポータブルトイレ

ポータブルトイレについて

　歩行の不安定な方がベッドサイドなどに置き、排せつをしたいと思ったときすぐに移動できない場合や、移動するのに転倒の危険性がある夜間帯などに利用します。本体の材質・機能はさまざまです(9-1)。

材質の差（特徴）(9-1)

材質	特徴
樹脂製(9-2)	手入れがしやすい。重量が軽く、本体を移動しやすいが同時に利用者が利用時に動いてしまうことがあるので注意します。
木製(9-3)	居室に違和感が少ない外観。重量があり安定するが本体の移動に少し力が必要です。
スチール等金属製(9-4)	手入れがしやすい。がんじょうであるため病院や施設などに向いています。外観への配慮は欠けます。

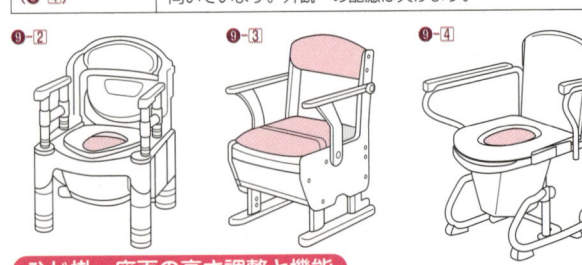

ひじ掛・座面の高さ調整と機能

　移乗動作や排せつをスムーズにするためにメーカーが提案する設置目安を参考にしてください(9-5)。リウマチや関節症などで、ひざや股関節などに負担を掛けたくない方の場合は、座面に座りひざが90°になることを基準として、少し高目にするとよいです。

Ⅱ.トラブル・事故回避のための福祉用具解説

❾-⑤

身長	140cm	150cm	160cm	170cm
Ⓐ便座の高さ	33cm	35cm	38cm	40cm
Ⓑひじ掛けの高さ	21cm	24cm	27cm	30cm

※ひじ掛をつかんで座る場合の設定目安
提供：アロン化成

その他機能

跳ね上げ 移乗するときにひじ掛を跳ね上げ、その後戻します（❾-⑥・⑦）。

脱臭機能 排せつのにおいを吸引し脱臭します。

暖房便座機能 座面が暖かくなります。
＊低温やけどに注意しましょう。

移動用キャスター 木製や各種機能が付いた機種は重いので、本体を傾けるとキャスターが使えるようになる機能です（❾-⑧）。

温水洗浄便座＆温風乾燥 排せつ後おしりのふき取りができないことがあります。適温の温水で洗浄し、乾かす機能です。

ポータブルトイレバケツの利用方法

- 利用前のバケツに水を入れるておくと、においが軽減します。その際に消臭剤も使うと、さらに効果的です。トイレットペーパーをひと折り畳んで入れておくと、排せつ物のはね返りを予防できます。
- 排せつ物は便所に捨ててください。

115

II.⑩ 自動排せつ処理装置

自動排せつ処理装置について

　平成24年度より、介護保険で尿や便を自動的に吸引して、その経路を分割可能な構造になっているものとして貸与されています。レシーバー、チューブ、タンクなどのうち、尿や便の経路となるものは、特定福祉用具販売での取扱となっています。

　大きく分けて、ＡＤＬの保てる方の尿のみ（⑩-1・2・3）と、寝たきりの方の尿・便を吸引する機器に分けることができます。レシーバーはカップ式とパッド式の２種類です。尿と便を吸引する機器は、排せつ物感知・吸引・洗浄・温風などの機能もあります。

　レシーバー・ホース・タンクなどは、衛生を保つため１日１回は洗浄しましょう。

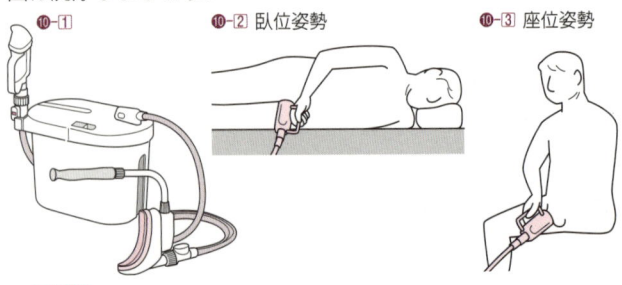

⑩-1　　　⑩-2 臥位姿勢　　　⑩-3 座位姿勢

●尿びん
　一般的な尿器です。最近の物は体にフィットしやすい材質や構造になっています。種類によってこぼれ防止機能が付いている物もあります。

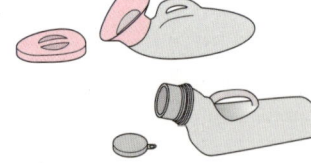

Ⅱ.トラブル・事故回避のための福祉用具解説

● 差込便座
　移動が困難で、便所に行くことができない方のおしりの下に差し込み、排せつをする物です。

● 腰掛便座（補高便座）
　便座が低い場合や関節が曲がりづらい方には、便座を高くすると立ち座りしやすくなります。便器や便座に簡易固定する物とクッションのように置く物の２種類です。温水洗浄便座が付いている物もあります。

● 腰掛便座（和式便器から簡易洋式便器に変更）
　身体状況から和式便器では排せつをすることが困難で、住宅事情のため工事ができない場合に利用します。便所に段差がある場合(⓾-④)とない場合(⓾-⑤)で機種が異なります。簡易固定するため必要がなくなったときには取り外しができます。暖房便座機能が付いている物もあります。

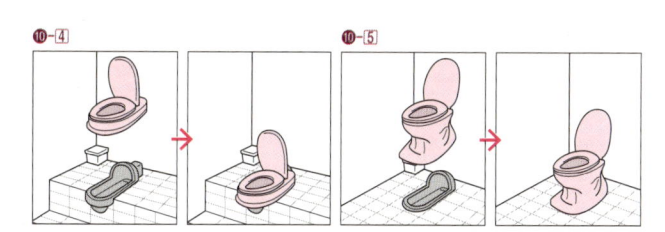

⓾-④　　　　　　　　　　⓾-⑤

117

II.⑪ オムツ

オムツについて

　多くの高齢者が抱える悩みとして失禁があります。たいへんデリケートな問題で、ほかの人に知られたくないうえに、自分が失禁してしまったことで自尊心を傷つけます。オムツは各種機能があるので、適切に選択し、利用することが大切です。介護負担軽減を主目的にせず、あくまでも自立を促す用具だということを忘れないようにするとよいでしょう。

●失禁パンツ

　ふだん使いの下着に尿の吸収部分が付いています。少量の尿を失禁する場合に利用します。ほぼ違和感なくはけ、丸洗いもできます。

●尿取りパッド

　失禁パンツ、ふだんの下着、リハビリパンツ、テープ式に利用できます。また、尿量も少量から多量まで取れるタイプがあります。用途や尿量に応じて選択します。男性専用や経済的なフラットタイプもあります。

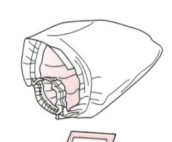

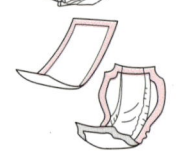

●リハビリパンツ

　介護状態のやや軽い方が利用します。寝たきりではなく、介助有無は関係なく自分で動ける起居動作ができる方に適しています。尿量が多い方は尿取りパッドと併用すると経済的です。

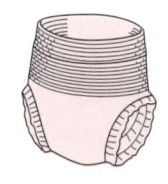

Ⅱ.トラブル・事故回避のための福祉用具解説

●テープ式オムツ

寝たままでの交換が行ないやすいオムツで、介護状態の重い方が利用します。尿取りパッドとの併用が経済的です。取り付け方法などを適切に行なうことが大切です。オムツのずれは、漏れや皮膚トラブルの原因となります。

選択方法

失禁量　少ない ----------------------------▶ 多い
介護量　　　　　①　　　　②　　　　③　　　　④
①失禁パンツ・ふだんの下着＋尿取りパッド
②リハビリパンツ
③リハビリパンツ＋尿取りパッド
④テープ式オムツ＋尿取りパッド

注意事項

- 高齢者は成人と比べ、1回の尿量が減少します（1回150cc～300cc、1日1000～1500cc程度）。個々の生活パターンに合わせて交換し、衛生を保つ。感染症の心配もあるので清潔にしましょう。
- パッドを重ね使いはしません（オムツ内の蒸れによる皮膚トラブル・ずれることによる段差・身動きができなくなるなどがある）。
- 立位保持ができない方は、座位の姿勢で交換しましょう。
- 立位で交換する場合は、本人が手すりにつかまり、安定した状態で介助者が行ないましょう。
- 排便は寝た姿勢より座った姿勢の方が出やすいため、できる限り便所やポータブルトイレで行なうほうがよいです。

II.⑫ 入浴補助用具

入浴用具について

　だれもがゆっくり入りたいと思う入浴は、心身をリラックスさせてくれる生活の楽しみです。しかし、高齢者になると物理的環境と身体状況からスムーズに入浴することができず、しだいにおっくうになってしまうことがあります。そのようなストレスを軽減し、安全に入浴するための道具として、入浴用具があります。

● シャワーチェア
　浴室での転倒や立ち座りを安全に行なうためにシャワーチェアを利用します。浴室の環境や体型に合わせて選択するとよいでしょう。種類として、背もたれ有・無、ひじ掛有・無、折り畳みの有・無、座面が回転、特注で幅や高さを指定することができる物などもあります。体の安定している方は、背もたれやひじ掛がなくてもよいです。高さ調整は、足が90°より少し高いと、立ち座りがしやすいです。

● シャワーキャリー
　シャワー専用チェアにキャスターが付いています。この機種を利用するには、浴室のバリアフリー化やスペースが必要です。機能として、ひじ掛跳ね上げ、足台取り外し、座面の回転、折り畳みの有・無、キャスター部脱着（入浴用リフトに利用）、リクライニング式などがあります。

Ⅱ.トラブル・事故回避のための福祉用具解説

● 浴槽台

吸盤で浴槽に固定タイプと置くタイプの2種類です。吸盤で固定するほうが望ましいのですが、浴槽の底が滑り止め加工されていたり吸盤の固定取り外しが難しかったりする場合は、置くタイプを利用します。

利用方法は、浴槽が深い場合に洗い場と同じ高さ付近に合わせてまたいで入り(⑫-①)、浴槽からの立ち座りをしやすいようにします(⑫-②)。

● 浴槽用手すり

水道の蛇口や浴槽の縁につかまり、浴槽をまたぐことが多々ありますが、安全な動作としては不向きです。そのために、グリップ本体を浴槽に挟み込んで取り付けて利用します。上からの力には強いですが、横に引っ張る力には弱いので注意します。

● バスボード

浴槽の上にボードを置き、そこに腰掛けてから浴槽を両足でまたぎます。その後、バスボードから立って、外し、浴槽に座る手順になります。バスボードの取り外し動作があるため、ひとりで入浴するよりは介助者がついての利用を勧めます。

121

II. ⑫ 入浴補助用具

●滑り止めマット
　吸盤有・無があります。吸盤タイプは、浴槽の底が滑り止め加工している場合は利用できません。浴槽に沈むので、たいへん便利です。機種によっては、居室内などほかの場所でも利用できます。

●すのこ（洗い場・浴槽内）
　脱衣所と浴室の段差が大きい場合や浴槽内が非常に深い場合に敷きます。シャワーキャリーなどを利用したり、浴槽が高くまたげなかったりしたときなどに置きます。特注のため、個々の環境に合わせることができます。

●特殊浴槽
　施設や病院などで、要介護状態が重い方が利用します。寝たまま利用するストレッチャー（⑫-③）、入浴用運搬車（⑫-④）に座り、入浴することができる機械浴槽になります。危険な事故として、ストレッチャーなどからの転落、温度調整の不良から熱湯での全身やけどがあります。

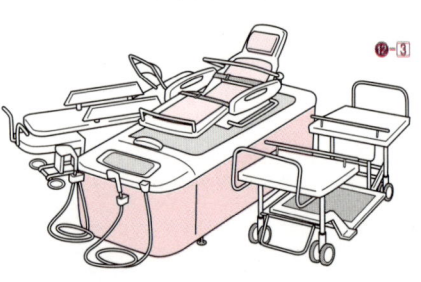

⑫-③

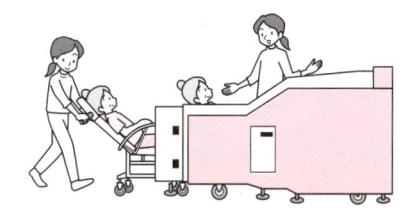

Ⅱ. トラブル・事故回避のための福祉用具解説

> 注意点
> - シャワーチェアは、介助者が利用者の体を洗ったり、本人が床にある物を拾おうとしたりしたときに、体勢を崩すことがあるので注意しましょう。
> - シャワーチェアの脚の高さが互い違いになっていると、不安定な状況になるので注意しましょう。
> - 浴槽台・バスボードが急に動いて外れ、転倒・転落するので、設置状況や利用方法を注意しましょう。
> - 浴槽用手すりは、挟み込みをノブ調整で行なっているため、緩んで外れてしまうことがあります。設置条件の確認と定期的な点検が必要です。
> - シャワーキャリーは、動かすことに集中してしまい、利用者の体の一部をぶつけてしまうことがあるので注意しましょう。
> - 特殊浴槽は入浴する前に、介助者が手で温度を確認してから入浴介助をする。思いがけないけがや事故などがあるので、二人体制で介助しましょう。

II.⑬ 認知症対応機器

認知症対応機器について

認知症は、記憶障害・見当識障害・理解・判断力の低下・実行機能の低下を中核症状として、その周辺症状として心理症状や行動障害があります。このような症状は、日常的なケアに頼ることが多く、福祉用具はその中の一部分を補完することになります。例えば、徘徊に対応する、物忘れに対応する、心のケアをする機器などです。

● 徘徊感知機器

センサーマットに荷重が掛かる、赤外線で感知すると受信レシーバー(固定・携帯)に電波が送られ、音などで知らせます。センサーマットは、ベッド周辺・車イス・便所や玄関などに敷くことができます。夜間帯の徘徊による転倒リスクや、知らない間に外出しての転倒や交通事故防止などに利用します。

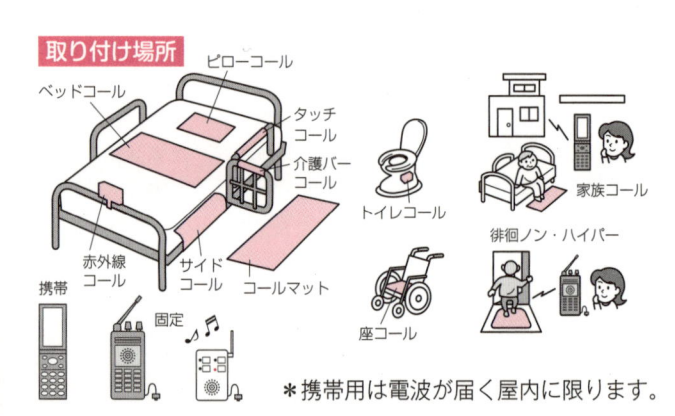

取り付け場所

ピローコール
ベッドコール
タッチコール
介護バーコール
トイレコール
家族コール
徘徊ノン・ハイパー
赤外線コール
サイドコール
コールマット
携帯
固定
座コール

＊携帯用は電波が届く屋内に限ります。

Ⅱ. トラブル・事故回避のための福祉用具解説

●お知らせコール（軽度認知症の人向け）

　定期的な時間に録音した音声で、生活の中で必要なことなどを知らせてくれます（⑬-1）。そのほか、服薬を音声や光で知らせてくれる機器（⑬-2）や、大きな声や音に反応する機能があります。

⑬-1　　　⑬-2

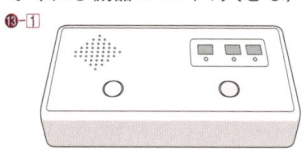

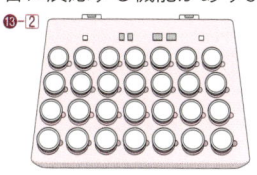

●GPS機能付き位置検索システム

　企業が提供するサービスで、携帯端末を持ち、月額と随時対応の料金で、本人の位置情報提供や現場急行してくれるサービスがあります。携帯端末を持ち歩くことが必要なため、本人が常に身につけておくことができるかなどが導入の検討課題になります（参考：ココセコム）。

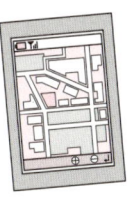

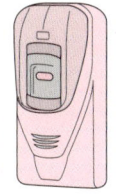

> **注意点**
> - 徘徊感知機器の電源を入れていない場合は作動しません。介護者が入れていない場合や、配線が引っ張られ抜けていることもあります。マットが敷いてあるからと安心せずに、点検しましょう。
> - 徘徊感知機器のマットが劣化するとつまずきやすくなるので、点検して敷き方にも注意しましょう。

Ⅱ.⑭ 自助具等生活支援用具

自助具等生活支援用具について

　疾病やけがにより身体能力が低下したことで、生活に必要なことができにくくなることがあります。そのようなときに、便利な道具として、自助具などがあります。また、口腔用ケア品を利用することで、肺炎やかぜなどの疾患にかかりにくくなります。シューズは、身体状況に合わすことで歩きやすくなり、介護予防や転倒防止リスクの軽減になります。よく吟味して用具を選びましょう。紹介する用具は一部で、多種多様あります。

食事関係

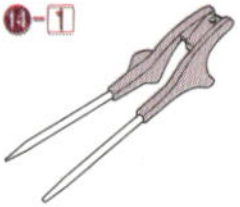

- 握力の弱い方でも握ることができるように、柄が太い、簡易に固定できるスプーン・フォーク、つかみやすいはし(⑭-①)などがあります。
- 関節機能が低下している方が使用しやすいように、先の部分を簡単に曲げられるスプーン(⑭-②)や、首を大きく傾けずに飲めるように、鼻に当たる部分をカットしてあるコップ(⑭-③)があります。
- 片手でも食べやすくするために、皿の裏に滑り止め加工し、片側のへりを高くすることで、すくいやすくしています(⑭-④)。

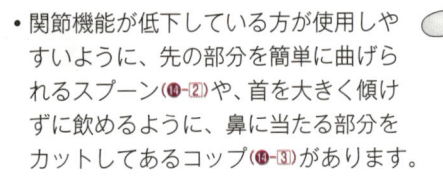

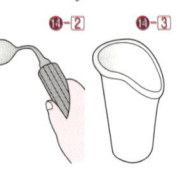

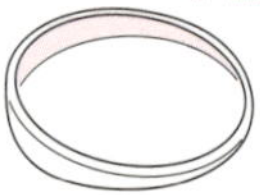

生活便利用具

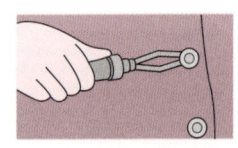

ボタンエイド　小さなボタンを掛けることができないときに、糸通しの要領でボタンを掛けます。

Ⅱ.トラブル・事故回避のための福祉用具解説

ソックスエイド かがんで靴下を履く動作ができないときに、器具の先に靴下を付け、足もとに降ろして、足を入れながらひもを引っ張ると履けます。

リーチャー 少し遠くの物や床に落とした物を取るときに利用します。

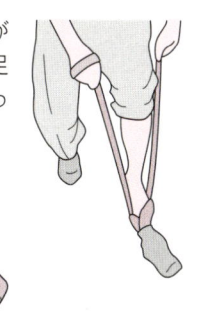

● **口腔ケア**

　口内を傷つけないようにしながら清潔に保ちます。棒先にスポンジなどが付いている口腔ケア用品、ケアシート、舌ブラシなどがあります。口腔ケア時の汚水受けとして、ガーグルベースがあります。

● **シューズ**

　身体状況(下肢装具を着けている、外反母趾、浮腫(むくみ)、左右の脚の長さが異なるなど)に合わせて、既製品の中でも幅広く選ぶことができます。それでも対応できない場合は特注品を作ります。足のサイズを測るときは、図のように足長・足幅・足囲を測ります。事業者や医療関係者と本人の使用感を参考に選んでください。

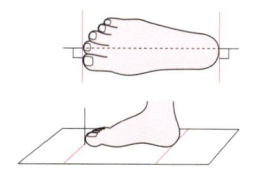

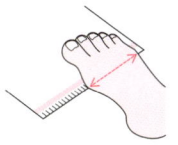

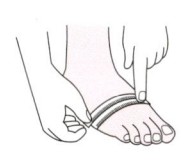

監修：前橋 明（まえはし・あきら）
早稲田大学　人間科学学術院　健康福祉科学科　教授、医学博士

編著：平井佑典（ひらい・ゆうすけ）
介護支援専門員、福祉用具専門相談員
可搬型階段昇降機安全指導員、ホームヘルパー2級
福祉用具商社・アビリティーズ・ケアネット株式会社勤務、東洋大学大学院修士課程修了、世田谷区地域包括支援センターを経て、現職。
福祉用具についての見識キャリアを積みつつ、高齢者介護に従事。

協力：公益財団法人テクノエイド協会
福祉用具に関する調査研究及び開発の推進、情報の収集及び提供、義肢装具士に係る試験事務などを行なう。協会ホームページにて「福祉用具ヒヤリ・ハット情報」を公開。本書「Ⅰ」のイラストは、すべてそこから提供を受けたものです。

編集協力　本文デザイン・レイアウト／永井一嘉
本文「Ⅱ」イラスト／角田正己（イラストレーションぷぅ）　装丁／曽我部尚之（E-FLAT）
企画編集／安藤憲志　校正／堀田浩之

安心介護ハンドブック⑮
福祉用具ヒヤリ・ハットあるある

2014年5月　初版発行

監修　前橋　明、編著　平井佑典、協力　公益財団法人テクノエイド協会

発行人　岡本　健
発行所　ひかりのくに株式会社

〒 543-0001　大阪市天王寺区上本町 3-2-14
　　　　　　　郵便振替00920-2-118855　TEL06-6768-1155
〒 175-0082　東京都板橋区高島平 6-1-1
　　　　　　　郵便振替00150-0-30666　TEL03-3979-3112
URL　htto://www.hikarinokuni.co.jp
印刷所　図書印刷株式会社
©Akira Maehashi,Yusuke Hirai,The Association for Technical Aids.2014

ISBN 978-4-564-43125-8　　　　　　　　　　　　　　　　Printed in Japan
C3036　NDC369.17　128P　15×11cm　　　乱丁、落丁はお取り替えいたします。

本書のコピー、スキャン、デジタル化等の無断複製は著作権法上での例外を除き禁じられています。本書を代行業者等の第三者に依頼してスキャンやデジタル化することは、たとえ家庭内の利用であっても著作権法上認められておりません。